¡Nos quitan nuestros trabajos!

¡Nos quitan nuestros trabajos!
y 20 mitos más sobre la inmigración

Aviva Chomsky

Traducción
Ana Echevarría-Morales,
Georgina Mithieux,
y Alfredo Prieto González

Haymarket Books
Chicago, Illinois

Originalmente publicado en inglés por Beacon Press en 2007.
Copyright © 2007 por Aviva Chomsky

Esta edición publicada por Haymarket Books en 2011.
Haymarket Books
P.O. Box 180165
Chicago, IL 60618
773-583-7884
info@haymarketbooks.org
www.haymarketbooks. org

ISBN: 978-1-60846-101-1

Distribución comercial:
En EEUU por Consortium Book Sales and Distribution, www.cbsd.com
En Canadá por Publishers Group Canada, pgcbooks.ca
En El Reino Unido por Turnaround Publisher Services, www.turnaround-uk.com
En otras partes por Ingram Publisher Services International, ips_intlsales@
ingramcontent.com

Impreso en EEUU.

Entró en publicación digital en diciembre 2018.

Library of Congress CIP Data está disponible.

Índice

Agradecimientos   vii

Introducción a la edición española   ix

Sobre la terminología   xii

Introducción   1

Primera Parte: Los inmigrantes y la economía

Mito 1:   Los inmigrantes nos quitan nuestros trabajos   14

Mito 2:   Los inmigrantes compiten con los trabajadores poco calificados y hacen bajar los sueldos   21

Mito 3:   Los sindicatos están contra la inmigración porque perjudica a la clase trabajadora   36

Mito 4:   Los inmigrantes no pagan impuestos   41

Mito 5:   Los inmigrantes son una carga para la economía   44

Mito 6:   Los inmigrantes envían remesas a sus países con todo lo que ganan en los Estados Unidos   50

Segunda Parte: Los inmigrantes y la ley

Mito 7:   Las leyes deben ser respetadas por todos. Los nuevos inmigrantes tienen que respetarlas, como hicieron los del pasado   55

Mito 8:   El país está siendo invadido por inmigrantes ilegales   59

Mito 9:   Los Estados Unidos tienen una política de refugiados muy generosa   64

Tercera Parte: La inmigración y la raza

Mito 10:   Los Estados Unidos son un crisol de culturas que siempre han recibido con los brazos abiertos a inmigrantes de todas partes   73

Mito 11:   Ya que todos somos descendientes de inmigrantes, todos comenzamos en igualdad de condiciones   84

Mito 12: Los actuales inmigrantes amenazan a la
cultura nacional porque no la están asimilando   **94**

Mito 13: Los inmigrantes de hoy no aprenden inglés y la
educación bilingüe no hace más que empeorar
el problema   **100**

Cuarta Parte: ¿Cómo las políticas estadounidenses han creado la inmigración?

Mito 14: Los inmigrantes sólo vienen al país porque
quieren disfrutar de nuestro alto estándar de vida   **109**

Estudio de caso: República de Filipinas   **118**

Quinta Parte: El debate en el nuevo milenio

Mito 15: El público estadounidense se opone a la inmigración
y esto se refleja en el debate en el Congreso   **131**

Mito 16: La abrumadora victoria electoral de la
Proposición 187 en California demuestra que
el público se opone a la inmigración   **141**

Mito 17: La inmigración es un problema   **144**

Mito 18: Los países tienen que controlar a los
que salen y entran   **148**

Mito 19: Necesitamos proteger nuestras fronteras para
prevenir que terroristas y criminales entren
a nuestro país   **155**

Mito 20: Los inmigrantes que entran al país ilegalmente
están violando nuestras leyes; por lo tanto,
son criminales y deberían ser deportados   **158**

Mito 21: Los problemas que este libro plantea son tan
vastos, que no hay nada que podamos hacer
para solucionarlos   **161**

Epílogo   **166**

Cronología   **170**

Notas   **178**

Agradecimientos

Mis agradecimientos a todas las personas que leyeron y aportaron sus comentarios y sugerencias durante la preparación de este libro: Gene Bell-Villada, David Caplan, Diane Chomsky, Rick Dionne, Ana Echevarría-Morales, Guillermo Fernández-Ampié, Julie Greene, Knut Langsetmo, Katrina Sealey, Steve Striffler, Amanda Warnock y los estudiantes de la clase HIS 725, Latinos en los Estados Unidos, en Salem State University.

También a Shuya Ohno, de Massachussetts Immigrant and Refugee Advocacy Coalition (MIRA) por relacionarme con Gayatri Patnaik, quien merece realmente mucho crédito por la existencia de este libro. Ha sido un verdadero placer trabajar con ella y sus colegas de Beacon Press, y, para la edición española, con Anthony Arnove, Rachel Cohen, and Julie Fain.

Por último, mis agradecimientos para Ana Echevarría-Morales, Georgina Mithieux y Alfredo Prieto, por su persistente y exhaustivo trabajo de traducción y cotejo del inglés.

Introducción a la edición española

En los cuatro años transcurridos desde que publiqué la primera edición de *¡Nos quitan nuestros trabajos!* en inglés, la situación de los inmigrantes en los Estados Unidos ha empeorado. Pero por otro lado, han surgido nuevas protestas y nuevas esperanzas.

En la frontera, las muertes continúan o aumentan. Desde finales del 2007 la crisis económica ha contribuido a reducir el número de inmigrantes que están llegando al país, pero a la vez a un aumento en el sentimiento anti-inmigrante. En el 2007, cuando se publicó la primera edición, se discutían en el Congreso las posibilidades de una reforma integral de las leyes de migración promovida por los senadores Kennedy y McCain. Ahora en el 2011, Kennedy está muerto y McCain ha cambiado de posición. La administración Obama no ha hecho sino incrementar la llamada "seguridad" de la frontera —o sea, la militarización— y los arrestos, encarcelaciones y deportaciones de inmigrantes. Mientras tanto, la opinión pública contra los inmigrantes se ha consolidado. Tanto los políticos como los medios de comunicación buscan atraer la atención del público con comentarios y posiciones anti-inmigrantes. El movimiento del Tea Party ha organizado manifestaciones contra los inmigrantes desde Arizona hasta Carolina del Norte y Nueva York. En Arizona, la Ley 1070 respondió al sentimiento popular anti-inmigrante, aunque fue parcialmente bloqueada por un fallo de la Corte federal. En muchas otras comunidades del país, con menos fanfarria el Programa de Comunidades Seguras (*Secure Communities Program*), nacido bajo la administración Bush pero significativamente aumentado bajo la de Obama, ha implementado normas no muy diferentes, obligando a la policía local a colaborar con la criminalización y deportación de inmigrantes por infracciones no criminales como las violaciones de las leyes de tránsito.

Las organizaciones que abogan por los derechos de los inmigrantes también han seguido su lucha. Aunque no se han repetido las grandes manifestaciones del mayo del 2006, estos últimos cinco años han visto muchas campañas y protestas a favor de la igualdad de derechos. En las iglesias y otras instituciones religiosas ha surgido el Nuevo Movimiento Santuario (*New Sanctuary Movement*), basado en el *Sanctuary Movement* de los años 80, cuando diferentes congregaciones se declaraban espacios de santuario para los refugiados centroamericanos que huían de las guerras en sus países. Los centros de trabajadores y muchos sindicatos han luchado por los derechos laborales de los inmigrantes. Se han organizado contra las redadas, contra la Ley 1070 y otras leyes represivas, y a favor de una reforma migratoria humanitaria. Estudiantes inmigrantes se han organizado en torno al *Dream Act*, que otorgaría los jóvenes inmigrantes el derecho de asistir a la universidad y les abriría el camino hacia la ciudadanía. En la frontera, organizaciones como No Más Muertes y Humane Borders ofrecen ayuda humanitaria a los migrantes y luchan contra la militarización y los abusos.

Me ha sorprendido la buena acogida que ha tenido la edición inglesa de *They Take Our Jobs!* Algunos colegas me dijeron: "tu libro no va a cambiar la opinión de nadie. Los que están contra los inmigrantes ni siquiera lo van a leer". Mi respuesta siempre ha sido que no lo escribí para los que tienen una posición firme contra los inmigrantes, sino para los que creen en los derechos humanos y en el principio de que todo ser humano merece trato igual ante la ley; es para aquellos que están contra todo tipo de discriminación. Pero muchas personas comparten estas posiciones sin tener a mano todos los datos y argumentos para responder al discurso anti-inmigrante que prevalece tanto en el ámbito público. El propósito de este libro es proveer estos datos y estos argumentos de una manera accesible y clara.

Desde la publicación de este libro en inglés he conocido a muchas organizaciones nuevas para mí en diferentes lugares del país y tenido la oportunidad de colaborar con muchos proyectos que tratan de promover los derechos de los inmigrantes. En varias ocasiones me han sugerido que deberíamos publicar una versión española del libro. Espero que sea una modesta contribución en aras de lograr el fin que todos queremos: construir un país y un mundo con igualdad de derechos para todos.

Aviva Chomsky
Salem, Massachusetts
Mayo de 2011

Sobre la terminología

Migración/Inmigración: La migración se refiere al desplazamiento de humanos (o animales) de un área a otra. La inmigración alude a ese tipo de mudanzas por humanos cuando incluye el cruce de fronteras establecidas y reguladas por los gobiernos de los territorios que involucran. Esto quiere decir que sólo existe a partir de nuestro sistema de Estados modernos.

Primer Mundo/Tercer Mundo: El término "Tercer Mundo" fue acuñado en la década de los 50 como parte de un análisis anticolonialista que explicaba la pobreza de muchas de las regiones del mundo como un legado de su pasado colonial. Este análisis contrastaba la situación de las antiguas colonias con la de los países industrializados del "Primer Mundo" y los del "Segundo Mundo", es decir, con los países del bloque socialista.

Los teóricos de la modernización compararon a los países "subdesarrollados" o "menos desarrollados" con los "desarrollados", implicando que el "desarrollo" era un proceso autónoma por el que atravesarían todos los países a su propio ritmo. Los académicos de la Teoría de la Dependencia respondieron que el "subdesarrollo" y el "desarrollo" constituían dos caras de la misma moneda, y que el subdesarrollo no era la etapa inicial de un proceso sino el resultado de la explotación colonial. El libro de Walter Rodney, *De cómo Europa subdesarrolló a África,* critica el término y la teoría.

Otros economistas utilizaron los términos "industrializados" y "no industrializados" y añadieron luego "recientemente industrializados". En inglés se utilizan las siglas NICS (*newly industrialized countries*) para referirse usualmente a los llamados tigres o dragones asiáticos: Singapur, Corea del Sur, Taiwán y Hong Kong. Sin embargo, la desindustrialización del Primer Mundo y el carácter fundamentalmente diferente de la industrialización que se está produciendo en los países del Tercero, nos obliga a cuestionar estos términos.

A pesar de los cambios radicales que atravesaron desde la década de los 50 la economía global y el orden social, los conceptos de Primer Mundo y Tercer Mundo todavía son herramientas útiles para ayudarnos a entender las raíces y la naturaleza de la desigualdad a nivel global.

Latino/Hispano: Aunque estos términos se utilizan comúnmente de manera intercambiable, tienen historias muy diferentes. La mayoría de las personas de origen latinoamericano en los Estados Unidos se ha identificado históricamente con el país de donde provienen. (Por ejemplo: mexicanos, dominicanos, colombianos, etc.) Durante la década de los 60, en el contexto de las revoluciones anticolonialistas internacionales y la movilización política de afroamericanos y nativos americanos, en los Estados Unidos surgieron los movimientos políticos de los chicanos y de los puertorriqueños o boricuas. Estos se identificaban con la población indígena de sus lugares de nacimiento. "Chicano" se refería a los ancestros indígenas mexicas de los mexicano-americanos. El término "boricua" se relaciona con el nombre que los taínos le daban a la isla de Puerto Rico (Borinquen o Borikén). Ambos grupos utilizaron el concepto del colonialismo interno para analizar su situación histórica en los Estados Unidos, que describieron como la de minorías colonizadas en vez de como inmigrantes.

En este contexto, el gobierno de los Estados Unidos comenzó a utilizar el término "hispano". Para algunos, sobre todo en el sudoeste, se trataba de despolitizar su identidad y, en particular, borrar los orígenes indígenas y/o africanos de muchos latinoamericanos. En el norte de México (que es ahora el sudoeste de los Estados Unidos), "hispano" solía utilizarse por las élites de origen español para distinguirse de los mexicanos de origen indígena y africano; por esta razón muchos activistas chicanos juzgaban el término como ofensivo. En la costa este, donde los migrantes puertorriqueños veían la resistencia a la anglicización como parte importante de su identidad y orgullo étnico, "hispano" se aceptaba como un reconocimiento de la importancia de la lengua española para su lucha y su identidad.

El término "latino" comenzó a popularizarse en la década de los 80 como una alternativa a "hispano". Un número mayor de latinoamericanos de diferentes lugares del continente empezaron a establecerse en los Estados Unidos, y personas de origen mexicano y puertorriqueño comenzaron a dispersarse geográficamente por todo el país. El término "latino" surgió de la misma concientización política que "chicano" y "boricua", pero se expandió para incluir a todos los latinoamericanos. Reconocía la historia de colonización y opresión compartida por la gente de origen latinoamericano en los Estados Unidos.

Sin embargo, para el año 2000 el término "latino" había perdido su connotación radical. Los periódicos dominantes lo comenzaron a adoptar, y el Censo de ese año incluyó "hispano o latino" como una categoría.

Algunos académicos y activistas señalan otro aspecto de la falta de precisión del término "hispano": proviene de que se refiere a todas las cosas (o personas) relacionadas con España y el español. Entonces, crea una categoría de personas que incluye a aquellos de un país europeo (España) y a los hispanoparlantes de Latinoamérica, pero no a la población de Brasil o Haití. Podría ser una categoría válida para estudiar literatura ("literatura hispana"), pero no tiene mucho sentido para analizar a los inmigrantes y la etnicidad en los Estados Unidos.

Introducción

El actual debate sobre la inmigración está plagado de mitos, estereotipos y suposiciones que la gente no cuestiona. Yo —en realidad, todos nosotros— escucho comentarios como los siguientes: "Los inmigrantes nos quitan nuestros trabajos y hacen que los sueldos se reduzcan". "¿Por qué no aprenden inglés?" o "No estoy en contra de la inmigración, sólo de la inmigración ilegal". Tras haber dedicado veinte años de mi vida a la enseñanza, la escritura y la organización colectiva alrededor del asunto, veo cada vez más claro cómo la mayoría de los argumentos que circulan se fundamentan en ideas erróneas, no sólo sobre el funcionamiento de nuestra sociedad y la economía, sino también sobre la historia de la inmigración, la ley y las razones que motivan a la gente a emigrar.

Basta con leer los periódicos o escuchar la radio para darse cuenta de que la gente está extremadamente consternada y enojada. Se culpa a los inmigrantes por una letanía de males sociales y se les compara de manera desfavorable con los de generaciones anteriores. Como no gozan de muchos de los derechos legales de que disfrutan los ciudadanos norteamericanos, incluyendo el derecho al voto, los funcionarios y el público en general pueden marginalizarlos, culparlos, castigarlos y discriminarlos con pocas repercusiones. Quienes no son ciudadanos constituyen un blanco fácil y un conveniente chivo expiatorio.

Muchas de nuestras suposiciones y opiniones sobre la inmigración de hoy se basan en un conjunto de creencias sobre el pasado de los Estados Unidos. Estas ideas se originan en nuestras clases de historia y ciencias sociales, en nuestros libros de texto, en nuestros políticos y en los medios de comunicación. Son tan omnipresentes, que casi permean el aire que respiramos. Sin embargo estas creencias son, fundamentalmente, tergiversaciones de la realidad y representan una versión manipulada de la historia que puede socavar nuestra capacidad para entender el mundo en que vivimos. Al analizar los asuntos relacionados con la inmigración, este libro se referirá con frecuencia al pasado para revisar algunas de las falacias que han conformado la manera como vemos nuestra sociedad.

La mayoría de los ciudadanos estadounidenses creen que este país fue fundado sobre el principio de la igualdad de derechos. Se reconoce que durante toda su historia se excluyó a muchos grupos del acceso a estos derechos —a los nativos americanos, a los de origen africano, a las mujeres. La historia de los Estados Unidos se presenta, por lo general, como una narrativa de expansión gradual de derechos a nuevos grupos, hasta que, finalmente, con la legislación de los derechos civiles en la década de los 60 se suprimieron los últimos vestigios de discriminación y exclusión.

Para los incluidos en el grupo que goza de los derechos, la exclusión de otros siempre ha parecido justificada; hasta el punto de que ni siquiera se le considera un tema de discusión. Cuando los fundadores de este país escribieron que "todos los hombres son creados iguales" era obvio, para ellos, que las mujeres no habían sido creadas iguales a los hombres, y que "todos los hombres" se refería a "hombres blancos".

Cuando Patrick Henry supuestamente declaró: "¡Denme libertad, o denme muerte!", asumía que la libertad estaba reservada a los blancos. Henry era un propietario de esclavos que aceptaba que la esclavitud era problemática moralmente. Sin embargo, "su reconocimiento de la contradicción entre sus palabras y acciones nunca lo llevó a actuar de manera diferente", de acuerdo con el historiador James Loewen. "Me dejo seducir por la inconveniencia general de vivir aquí sin ellos", explicó Henry.[1]

En cada generación, las personas han encontrado razones para justificar sistemas de desigualdad social y legal. Los nativos americanos no tenían derechos en el nuevo país, de manera que su tierra podía tomarse para convertirla en asentamientos blancos. Los africanos no tenían derechos, de modo que se permitía esclavizarlos. Las mujeres no tenían derechos, así que, por lo general, no se remuneraba su trabajo. Los trabajadores bajo contrato obligatorio tenían pocos derechos y su labor era mal pagada. A los inmigrantes y a los obreros en otros países se les han negado derechos fundamentales; sin embargo, su mano de obra barata provee los productos de bajo costo de los que depende hoy nuestra economía.

Hoy un número grande y creciente de nuestra población vive sin plenitud de los derechos de ciudadanía. Las personas que no la tienen pagan impuestos, van a la escuela, forman una familia, viven en nuestras ciudades y pueblos, participan en eventos religiosos, deportivos, y comunitarios, y sirven de manera desproporcionada en las fuerzas militares. Sin embargo, tanto la ley como la opinión popular las consideran diferentes al resto de nosotros, y las excluyen de recibir los derechos y privilegios de que disfruta el 90% de la población.

En el 2009 más de 38.5 millones de personas, alrededor del 12.5% de la población total de los Estados Unidos, habían nacido en el extranjero. La mayoría estaba aquí legalmente; cerca de un tercio, no. Alrededor de un tercio de todas las personas nacidas en el extranjero (documentadas e indocumentadas) provienen de México, la fuente principal de inmigrantes. Más de la mitad vino de Latinoamérica y el Caribe (incluyendo a México). Otro 28% viene de Asia del este. Los principales países de donde provienen estos inmigrantes eran México (11.5 millones) y China (2 millones), seguidos por las Filipinas, India, El Salvador, Vietnam, Cuba, la República Dominicana, Canadá y Corea.[2]

Durante la década de los 90 el número de inmigrantes aumentó rápidamente. En 1990, sólo 19.8 millones reportaron haber nacido en el extranjero. En el 2000, la cifra era de 31.1 millones. Y, más recientemente, el Censo del 2010 calculaba que esta población casi llegaba a los 37 millones.[3] (Estas cifras no incluyen a los 4 millones de puertorriqueños que vivían en los Estados Unidos continentales en el 2007. Los puertorriqueños son ciudadanos estadounidenses, si bien también latinoamericanos.) Aunque nadie lo pensaría, dada la agitación contra la inmigración durante el inicio del milenio, esta disminuyó significativamente a fines de la década de los 90.[4] El nativismo etnocentrista o el racismo anti-inmigrante constituyen una respuesta tanto a otros acontecimientos sociales como al número de inmigrantes.

El actual flujo de inmigrantes se compara frecuentemente con la última gran ola inmigratoria que ocurrió entre 1860 y 1920, cuando la tasa de personas nacidas en el extranjero se calculaba en alrededor del 13 al 15% de la población. Debido a que el total de la población era menor, este porcentaje más alto, sin embargo, representaba un número menor de personas. Antes de la década de los 80, el año con mayor número de personas nacidas en el extranjero fue 1930, cuando 14.2 millones reportaron haber nacido fuera de los Estados Unidos. La mayoría de estos inmigrantes llegaron del sur y este de Europa.[5]

Tanto en la ola de inmigración de 1860-1920 como durante la de fines del siglo XX, la inmigración se recibió con reacciones de nativismo etnocentrista. Los nativistas temían que los inmigrantes no se asimilaran y amenazaran lo que percibían como la homogeneidad lingüística, cultural y racial del país. Temían que los inmigrantes tomaran los empleos de los estadounidenses y provocaran una baja de los salarios. Comentaristas de varios foros advirtieron que los recién llegados traerían enfermedades y criminalidad. Hoy en día, Arthur Schlesinger se preocupa por la "fragmentación de América", mientras Samuel Huntington advierte sobre los "retos a la identidad nacional americana".[6] Parecen hacerle eco al procurador general de California, quien escribió en 1930: "sólo nosotros, los blancos, fundamos [América] primero y queremos protegernos en nuestro disfrute de esta".[7]

Aunque hay muchos paralelos entre las dos olas inmigratorias, existen también diferencias fundamentales. Nuestras ideas sobre la raza han cambiado considerablemente durante el transcurso del siglo. En el XIX, el racismo explícito y abierto era aceptado ampliamente por la cultura dominante; hoy, no. Hacia fines de ese siglo la academia intentó demostrar la existencia de diferencias fundamentales entre las razas con estudios biológicos y científicos. Académicos de diversas tendencias se dedicaron a clasificar la población mundial de acuerdo con sus supuestas características raciales. Los europeos fueron divididos entre "la raza anglo-sajona", "la raza eslava", "la raza mediterránea", y muchas otras.

Documentos legales y populares debatían si estas últimas pertenecían a "la raza blanca" o no.

La relación entre raza y nacionalidad también ha cambiado y todavía continúa transformándose. Las ideas sobre la raza en los Estados Unidos se han formado en torno a los debates sobre la inmigración y han influido también en la manera como la gente piensa sobre esta. Cada Censo ha empleado categorías diferentes para identificar las razas. Hasta 1930, los mexicanos eran "blancos"; luego el Censo de 1930 los catalogó como una raza diferente. Actualmente, la mayoría de los académicos y el público en general concuerdan en que la raza y las ideas sobre las diferencias raciales son constructos sociales y no hechos científicamente verificables. Hasta el Censo mismo reconoció que las categorías raciales "son constructos sociopolíticos y no deben ser interpretados como si tuvieran una naturaleza científica o antropológica".[8]

La economía norteamericana ha cambiado drásticamente entre los dos períodos de la inmigración. Durante los últimos años del siglo XIX, los Estados Unidos se estaban industrializando rápidamente y la mayoría de los nuevos inmigrantes fueron a trabajar a las minas, las fábricas de textiles, y otras de la nueva economía industrial. En la década de 1960, el país estaba atravesando un período de desindustrialización; las minas y fábricas estaban cerrando. Este proceso creó el "cinturón del óxido" (*rustbelt*) en las mismas regiones que habían sido una gran atracción para los inmigrantes. La economía desindustrializada todavía creaba una demanda de trabajadores inmigrantes, pero ahora en la industria de los servicios: "limpiando-haciendo todo tipo de limpieza", como me lo describió un inmigrante que manejaba una pequeña compañía de limpieza. Los inmigrantes ahora limpian casas y oficinas. Limpian hospitales y restaurantes. Limpian a las personas, la ropa y los carros.

La nueva ola de inmigrantes también era diferente porque venían de países de América Latina y Asia relacionados con los Estados Unidos mediante una historia de intervenciones militares y dominación política y económica. En este sentido, la inmigración postindustrial no era un fenómeno exclusivo de los Estados Unidos. Los países europeos estaban atravesando por el mismo fenómeno. La industrialización de fines del siglo XIX había sido acompañada por expansión colonial —militar, política y económica. (A veces tomó la forma de mandato colonial directo; otras se estableció como un control indirecto). La desindustrialización de fines del siglo XX estuvo acompañada por la inmigración de las antiguas colonias. Estos sucesos formaron parte de un proceso histórico interconectado. Para entender las diferencias entre las dos olas de inmigración, tenemos que entender el proceso histórico en su totalidad.

Raza y economía global también estaban interrelacionadas. A los colonizados se les consideraba racialmente diferentes, y estas ideas quedaron entroncadas en el mundo moderno. El colonialismo dejó consecuencias económicas de largo plazo. Cuando la gente de color de las colonias emigró a Europa y los Estados Unidos a fines del siglo XX, las profundas raíces raciales y económicas del antiguo sistema colonial emergieron de nuevo.

Muchas sociedades han debatido lo que hace a una persona elegible para disfrutar de derechos. ¿Acaso el simple hecho de ser humanos nos concede derechos? ¿O son los derechos otorgados exclusivamente en una sociedad a un selecto número de personas que se definen como "ciudadanas"? Y si los derechos dependen de la ciudadanía, ¿cómo se decide quién es ciudadano?

Después de la Segunda Guerra Mundial hubo un repudio generalizado contra la discriminación legalizada que muchos creían había desencadenado los horrores del nazismo. La Declaración Universal de los Derechos Humanos, aprobada por la Asamblea General de las Naciones Unidas en 1948, propugnaba la idea de que los gobiernos no pueden justificar la exclusión de ciertos grupos de personas del disfrute pleno de derechos. Afirma en su Artículo 2: "Toda persona tiene todos los derechos y libertades proclamados en esta Declaración, sin distinción alguna de raza, color, sexo, idioma, religión, opinión política o de cualquier otra índole, origen nacional o social, posición económica, nacimiento o cualquier otra condición". En el Artículo 6 sostiene que "todo ser humano tiene derecho, en todas partes, al reconocimiento de su personalidad jurídica".[9] La Declaración es clara: los derechos se aplican a *todos* los seres humanos.

La Declaración Universal expresa un concepto amplio de los derechos. Además de muchos de los derechos también protegidos por la Constitución y por la Carta de Derechos de los Estados Unidos, define y garantiza derechos sociales y económicos como el derecho al trabajo, a igual salario por trabajo igual, a la educación, la alimentación, la vivienda y la asistencia médica.

La Constitución de los Estados Unidos es un poco más ambigua respecto a la distinción entre los derechos que se aplican a toda la gente y los que se aplican sólo a los ciudadanos. La ley siempre se ha utilizado para excluir a algunas personas de derechos —a menudo para la ventaja de los patronos que pueden explotar a los excluidos. Cuando miramos al pasado, por lo general denunciamos ideas y leyes excluyentes. (Las leyes de Nuremberg, por ejemplo, excluyeron a los judíos de los derechos en Alemania). No hay ninguna razón lógica para excluir a las personas de sus derechos a partir de su estatus de inmigración o ciudadanía. Durante la mayor parte de la historia de los Estados Unidos la ciudadanía estuvo basada en la raza y siempre se ha utilizado para justificar la discriminación.

El Servicio de Naturalización e Inmigración de los Estados Unidos provee una "lección cívica" para ayudar en la preparación del examen de naturalización y poder obtener la ciudadanía de los Estados Unidos. Una de las preguntas es la siguiente: "¿Los derechos de quiénes están garantizados por la Constitución y por la Carta de Derechos"? La respuesta es inequívoca: "Los derechos de todas las personas que residan en los Estados Unidos".[10] La lección añade:

> Otra razón por la cual millones de inmigrantes han llegado a América es por esta garantía de derechos. La Enmienda 5 garantiza protección igual ante la ley. Esto se aplica sin importar el color de su piel, la lengua que habla o la religión que practica. La Enmienda 14, ratificada después de la Guerra Civil, expande esta garantía de derechos. Ningún estado podrá privar a sus ciudadanos de sus derechos.[11]

La realidad es un poco más compleja. Las leyes de los Estados Unidos siempre han sido y todavía son restrictivas respecto a quién merece disfrutar de derechos. Hasta la guerra civil, los estatutos legales daban por sentado y hacían cumplir el principio de que la ciudadanía y los derechos dependían de la raza y que la ciudadanía determinaba el acceso a los derechos. La distinción no se establecía entre los nacidos en los Estados

Unidos y los inmigrantes, como hoy en día, sino entre los blancos —estos eran ciudadanos— y los no blancos. La Enmienda 14, aprobada en 1868, extendió la ciudadanía por primera vez a "todas las personas" nacidas en los Estados Unidos, con excepción de los nativos americanos.

> Todas las personas nacidas o naturalizadas en los Estados Unidos y sometidas a su jurisdicción son ciudadanos de los Estados Unidos y de los estados en que residen. Ningún estado podrá dictar ni poner en efecto cualquier ley que limite los privilegios o inmunidades de los ciudadanos de los Estados Unidos; tampoco podrá estado alguno privar a cualquier persona de la vida, la libertad o la propiedad sin el debido proceso legal; ni negar a cualquier persona que se encuentre dentro de sus límites jurisdiccionales la protección de las leyes, igual para todos.[12]

De este modo, la Enmienda expandía la ciudadanía al separarla parcialmente por vez primera de la raza. Antes la ciudadanía estaba limitada a los blancos y los derechos a los ciudadanos. Sin embargo, la ciudadanía todavía no estaba completamente separada de la raza. En primer lugar, la cláusula referida a las personas "sometidas a su jurisdicción" excluía a los nativos americanos, incluso a los nacidos en territorio de los Estados Unidos. En segundo, cualquier persona nacida en los Estados Unidos era automáticamente un ciudadano, pero solamente las personas blancas podían ser naturalizadas como ciudadanos. El Acta de Naturalización de 1870 extendía el derecho a la naturalización a africanos y personas de ascendencia africana, pero no eran las únicas personas no "blancas" en los Estados Unidos.

La ciudadanía se les negó específicamente a los asiáticos. Ya para 1882 se les prohibía la entrada a los Estados Unidos, en parte para asegurar que ninguna persona de ascendencia asiática adquiriera la ciudadanía por haber nacido aquí. A los chinos no se les permitió naturalizarse hasta 1943. Aun entonces, eran sometidos a una cuota de inmigración de cien por año. A los filipinos y a los indios (de Asia) se les concedió el derecho a convertirse en ciudadanos en 1946, y la Zona de Exclusión Asiática (*Asiatic Barred Zone*), establecida en 1917, finalmente se abolió en 1952. Sin embargo, no fue sino hasta 1965 en que la cuota de cien anuales fue suspendida para los países asiáticos.

La primera parte de la segunda oración de la Enmienda 14 reconoce los privilegios de todo ciudadano; la segunda extiende los derechos todavía más ampliamente que la primera: ninguna persona —aparentemente, ciudadana o no—, puede ser privada de la igualdad en la protección de las leyes. La aparente contradicción en la Enmienda dejó en manos de las cortes la responsabilidad de dictaminar lo que significaba en casos específicos. La Corte Suprema de los Estados Unidos ha dictado fallos contradictorios. Dos importantes decisiones sostenían que el estatus de ciudadanía no podía utilizarse para negar derechos. En 1971, *Graham v. Richardson* prohibía que los estados discriminaran a los inmigrantes ilegales al conceder beneficios del Seguro Social; en 1982, en *Phyler v. Doe*, la Corte dictaminó que todos los niños tenían derecho a una educación pública gratuita, sin importar su estatus legal. Otros fallos, sin embargo, permitían a los estados discriminar; la reforma del sistema de bienestar social de 1996 incorporó elementos de indiscutible discriminación contra los inmigrantes legales.[13]

La mayoría de los estadounidenses da por sentado que el derecho al voto y la ciudadanía son idénticos, y que limitar el derecho al voto a los ciudadanos es natural y razonable. Sin embargo, hasta esta relación no es tan evidente. "Durante una gran parte de la historia de nuestro país", explica el politólogo Ron Hayduk, "el derecho al voto no estaba determinado por la ciudadanía, sino por si uno era un dueño de propiedad y blanco. Por lo tanto, en el período posterior a la emancipación, el derecho al voto podía negarse a las mujeres y a los negros —a pesar de su estatus como ciudadanos. De hecho, el sufragio extranjero (…) apoyaba, en efecto, el trato preferencial de los hombres blancos y cristianos, dueños de propiedad".[14]

La Constitución permite que los estados y municipios determinen los criterios de votación. Hasta la década de los 20, muchos permitieron el voto de personas sin ciudadanía. Más tarde, en el contexto de luchas políticas específicas —y de inmigración masiva luego de 1850— los estados comenzaron a excluir a los inmigrantes sin ciudadanía del derecho al voto.

Hayduk explica:

En la era de la Guerra Civil, a los estados sureños les consternaba la oposición contra la esclavitud de parte de los inmigrantes. En muchos estados, la histeria ocasionada por la guerra y la "amenaza comunista" (*red scare*) después de la Primera Guerra Mundial hizo que los americanos quisieran que los inmigrantes "probaran" su lealtad antes de recibir el derecho al voto. Y en otros estados —como en Texas durante la lucha por el sufragio de las mujeres— acabar con el voto de los inmigrantes devino una manera de contrarrestar la expansión del electorado que resultó de la Enmienda 14 (derecho al voto para hombres afroamericanos) y la Enmienda 19 (derecho al voto para las mujeres) para los defensores del *status quo*.[15]

Las restricciones en el derecho al voto a los inmigrantes vinieron acompañadas de otras —"exámenes de alfabetización, impuestos al sufragio, leyes de privación del derecho al voto a convictos, y requisitos restrictivos de residencia y para la inscripción de votantes. Todas se combinaron para privar del voto a millones de votantes".[16]

Muchos países europeos, e incluso varias ciudades de los Estados Unidos, habitualmente les permiten votar a no ciudadanos. Los que no son ciudadanos viven en comunidades, pagan impuestos y usan servicios: ¿por qué excluirles de la participación política en el lugar donde viven? Por otro lado, a algunos ciudadanos también se les niega el derecho al voto. En la mayoría de los estados se priva del voto a ciudadanos que han sido convictos por un delito grave. Los ciudadanos residentes del distrito federal de Washington no pudieron votar en las elecciones presidenciales hasta 1964 y los residentes en Puerto Rico todavía no pueden hacerlo. Además, los residentes en estas dos áreas no tienen representación plena en el Congreso.

Un análisis del Censo del 2000 mostró que en 85 ciudades californianas más del 25% de la población adulta está privada de su derecho al voto por carecer de ciudadanía. En 12 de esas ciudades, los no ciudadanos sobrepasan el 50% de la población adulta. "A un número considerable de personas, que contribuyen a nuestra economía y a nuestros ingresos gubernamentales, se les priva de representación política", explica el procurador general del Fondo Mexicano Americano para la Defensa Legal y la Educación (MALDEF).[17]

Si la Enmienda 14 se asume de manera literal, resulta rutinariamente violada hoy día en los Estados Unidos. A los no ciudadanos se les priva de la igualdad en la protección de las leyes, y a algunos, a los indocumentados, se les niega totalmente la protección legal. Su mera existencia se cataloga de "ilegal". En muchos sentidos, su situación es comparable con la de los afroamericanos antes de 1870, y nuevamente, luego de la década de 1890, cuando comenzaron a deshacerse los intentos de la Reconstrucción por lograr la ciudadanía completa para los afroamericanos. Los indocumentados e incluso los inmigrantes legales pueden estar físicamente presentes en los Estados Unidos, pero no son tratados con igualdad bajo la ley.

Como en todos los períodos de la historia de los Estados Unidos, la ley actual discrimina al excluir grandes sectores de la sociedad de su protección y de la igualdad de derechos. En lugar de la raza, la etnicidad o el género —desacreditadas como razones para excluir a porciones de la población del acceso a la ciudadanía—, actualmente la línea divisoria es generalmente el lugar de nacimiento. A diferencia del pasado, no hay ninguna prohibición que excluya a un grupo nacional o racial específico de la ciudadanía. Sin embargo, a muchas personas se les niega la ciudadanía y los derechos que conlleva.

Si a quienes estaban en el poder en el pasado les parecía obvio que la raza, la etnicidad y el género constituían razones legítimas para excluir a segmentos de la población de sus derechos, actualmente muchos ciudadanos norteamericanos creen de manera apasionada en la necesidad de dividir a la población en ciudadanos y no ciudadanos, y a los inmigrantes en "legales" e "ilegales". Que a los incluidos en la última categoría se les deben negar derechos y que a grandes grupos de personas se les debe negar el derecho a convertirse en ciudadanos o a convertirse en "legal" se considera una verdad evidente.

Aunque la exclusión en sí misma resulta raras veces cuestionada, el resentimiento contra los inmigrantes y los intentos de marginalizarlos todavía más proliferan en nuestra sociedad. La sugerencia de que los no ciudadanos también son creados iguales está ausente de la discusión en los foros públicos. No obstante, las alegaciones de que los inmigrantes les quitan sus trabajos a los norteamericanos, de que son una sangría para la economía del país, de que contribuyen a la pobreza y a la desigualdad, de que destruyen el entramado social, de que son un desafío a la identidad estadounidense, y de que contribuyen a una gran cantidad de males sociales por su mera existencia, se discuten y debaten abiertamente en todos los niveles de la sociedad estadounidense.

En una serie de capítulos breves, este libro busca desmantelar los mitos a los que se apela en importantes debates sobre la actual inmigración en los Estados Unidos. Para abordar temas comunes como "América es una nación de inmigrantes" o "los inmigrantes nos quitan nuestros trabajos", recurro a la historia de la inmigración, estudios críticos de raza, historia laboral, estudios latinos y asiáticos, estudios críticos sobre la globalización y otras disciplinas académicas para demostrar cómo los parámetros y suposiciones del actual debate distorsionan la manera como pensamos la inmigración.

Cada capítulo busca identificar y cuestionar los supuestos sobre los que se fundamentan muchos de los argumentos imperantes sobre la inmigración. Este libro cuestiona la manera como entendemos la historia de la economía y la inmigración de los Estados Unidos. Propongo que la economía de los Estados Unidos ha sido global desde antes de que se fundara este país. La prosperidad de algunos siempre ha dependido de la mano de obra barata de otros, tanto en el interior de nuestras fronteras como fuera de ellas. Esta mano de obra barata se ha justificado y garantizado mediante la exclusión de ciertos trabajadores de la categoría de personas amparadas por derechos. Aunque por lo general hoy no suele invocarse directamente la raza en el discurso contra los inmigrantes, planteo que el tema de la raza resulta fundamental en la discusión, por su estrecho vínculo con las ideas sobre ciudadanía e inmigración. Concluyo tratando de imaginar la forma que tomaría una política inmigratoria humanitaria y considerando cómo el proyecto de diseñarla entroncaría con otros cambios al nivel nacional y global.

Primera Parte
Los inmigrantes y la economía

Algunos de los mitos más persistentes sobre la inmigración se relacionan con sus efectos sobre la economía. A los inmigrantes se les acusa de causar o exacerbar una variedad de problemas económicos como el desempleo, los bajos salarios y la falta de fondos para los servicios gubernamentales. Innegablemente, muchos estadounidenses se sienten vulnerables en lo económico y el número de personas en esa situación aumenta cada día. Pero, ¿qué papel desempeña la inmigración en la economía de los Estados Unidos y en la economía global?

Mito 1

Los inmigrantes nos quitan nuestros trabajos

Uno de los argumentos más utilizados para justificar la necesidad de una política de inmigración más restrictiva es que "los inmigrantes les quitan sus trabajos a los estadounidenses". Este se basa en dos falacias fundamentales que cumplen un propósito. En las páginas siguientes explicaremos estas dos falacias y las razones por las que muchos las creemos.

La primera se relaciona con el concepto de "trabajos estadounidenses". En realidad, la economía actual está tan interrelacionada globalmente, que el concepto de trabajos con identidad nacional resulta inexacto. En muchas industrias, los patronos buscan reducir sus costos al contratar a los grupos más pobres y vulnerables. Por un lado, mudan sus operaciones a otros lugares donde el predominio de la pobreza y la desigualdad produce una fuerza laboral vulnerable; por otro, apoyan políticas que crean pobreza y desigualdad en los Estados Unidos —incluyendo políticas de inmigración que precisan un constante flujo de inmigrantes y los mantienen vulnerables. Así que vamos a profundizar en la cuestión de lo que son realmente los "empleos estadounidenses".

La segunda falacia está estrechamente relacionada con la primera: la idea de que la inmigración y los inmigrantes reducen el número de trabajos disponibles para las personas que viven en los Estados Unidos. De hecho, la inmigración desempeña un papel mucho más complejo en el panorama del empleo; muchos factores diferentes afectan las cifras de empleo y desempleo.

La mayoría de los estudios identifican el origen de las transformaciones en los patrones de empleo en las postrimerías del siglo XX con dos grandes cambios estructurales en la economía norteamericana: la desregulación y la desindustrialización. La desregulación de sectores masivos de la economía y los cortes presupuestarios a los programas federales de bienestar social bajo la administración Reagan y sus sucesores fueron escoltadas por un aumento en los cierres de fábricas y el traslado de empleos al exterior (*outsourcing*).

Durante este período no sólo se eliminaron empleos sino también su naturaleza sufrió una transformación. Desaparecieron los empleos de salarios altos en el sector manufacturero y en el sector público; muchos de los nuevos empleos fueron de salario mínimo en el sector de los servicios en lugares como McDonald's y Wal-Mart. Estos cambios constituyeron parte de los cambios estructurales en la economía norteamericana y en la manera en que esta se integra a la economía global. La inmigración es sólo un componente muy pequeño de un proceso mucho más complejo.

Por lo general, los negocios tratan de mantener lo más bajo posible los costos de sus operaciones para obtener el mayor margen de ganancias. Una manera de lograrlo consiste en mudar los trabajadores y la producción alrededor del mundo. Al principio de la revolución industrial, las fábricas movilizaban a los trabajadores al lugar de producción. Algunos se mudaban de zonas rurales locales a las nuevas ciudades industriales, mientras que en los Estados Unidos muchos de estos trabajadores provenían del otro lado del planeta.

En la economía actual, a veces llamada la economía "posindustrial", no sólo se ha relocalizado a los trabajadores sino también a las industrias mismas. La restructuración económica global desde la Segunda Guerra Mundial ha creado lo que suele llamarse una "nueva división internacional del trabajo".[1] Trabajadores mal pagados en el sur antes producían y exportaban materias primas en un proceso que sustentó la revolución industrial en el norte. La materia prima barata producida por estos trabajadores, con grandes ganancias para los inversionistas, contribuyó a la prosperidad de los Estados Unidos y Europa, basada de manera parcial en los precios artificialmente bajos que hacían posible la mano de obra barata.

En la reestructuración de la posguerra, las industrias comenzaron a trasladarse al sur para aprovecharse del bajo costo de la mano de obra. La gente del sur todavía producía para exportar al norte, pero ahora sus países exportaban productos manufacturados y no sólo materias primas.

La industria textil de Nueva Inglaterra fue una de las primeras en experimentar con la relocalización de plantas, cuando a principios del siglo XX trasladó su producción al sudeste de los Estados Unidos con el propósito de reducir los costos de sus operaciones. A fines de siglo, el patrón se había extendido a casi todas las industrias.

Cuando a mediados de ese siglo la clase trabajadora de los Estados Unidos comenzaba a disfrutar plenamente de los beneficios de la industrialización, los negocios aumentaron su búsqueda de mano de obra más barata en el extranjero. Tan pronto como en la década de los 40, el gobierno estaba colaborando con los empresarios para intentar volver a establecer el sistema basado en mano de obra barata y alto lucro, en vías de extinción gracias a los derechos logrados por los trabajadores de las fábricas. Su primer experimento ocurrió en Puerto Rico. Se llamó "Operación Manos a la Obra" y ofrecía incentivos a ciertos negocios de los Estados Unidos para transferir parte de sus operaciones intensivas en mano de obra a la isla. El gobierno isleño ofrecía tierra, préstamos, edificios e infraestructura como incentivos para las compañías dispuestas a correr el riesgo.

El programa de Puerto Rico fue tan exitoso para los negocios, que pronto se extendió a México. Los gobiernos de México y de los Estados Unidos recurrieron, una vez más, a las oficinas de A. D. Little, una empresa de consultoría en Cambridge, Massachusetts, que había ayudado a establecer la "Operación Manos a la Obra", con el objetivo de que diseñara un programa similar para México. El Programa de Industrialización de la Frontera comenzó sus operaciones en 1965.

Fue una movida ingeniosa. Como en los Estados Unidos se hacía cada vez más difícil negarles derechos a los trabajadores debido a movilizaciones populares, sindicatos y leyes que protegían a los trabajadores y sus derechos de organización, la relocalización de trabajos al otro lado de la frontera —donde las leyes de los Estados Unidos no funcionaban— se hacía crecientemente atractiva para las compañías. Funcionó tan bien, que para la década de los 70 el gobierno norteamericano comenzó a extender esta estrategia al Caribe, y luego a Centroamérica, Sudamérica y Asia. El Tratado de Libre Comercio de América del Norte (NAFTA, por sus siglas en inglés), implementado en 1994, lo impulsó todavía más. La industria manufacturera inició un sistemático proceso de desplazamiento al extranjero en busca del país que ofreciera los salarios más bajos, los sindicatos más dóciles (o inexistentes) y la menor cantidad de regulaciones.

En naciones como México, El Salvador y República Dominicana los trabajadores han visto una avalancha de inversiones extranjeras en la producción de las maquiladoras, un proceso en el cual las compañías externalizan la parte del proceso de producción más intensiva en mano de obra. Los trabajadores se benefician de alguna manera cuando Nike, Liz Claiborne o Dell abren fábricas porque se crean empleos. Pero también salen perdiendo: los nuevos empleos dependen de que los patronos mantengan salarios bajos, ofrezcan pocos beneficios y no tengan que lidiar con muchas regulaciones. Si los trabajadores o los gobiernos comienzan a exigir una mayor parte de las ganancias, la compañía puede cerrar sus operaciones y mudarse a otro lugar más barato.

Este fenómeno crea lo que algunos analistas han llamado la "carrera hacia el fondo". Los trabajadores y los gobiernos compiten unos con los otros para ofrecer impuestos y salarios más bajos y un ambiente más favorable para las empresas con el fin de atraer o mantener empleos en un ambiente de precariedad. La competencia puede ser más devastadora en países del Tercer Mundo que ya son pobres, pero también puede verse en los Estados Unidos, donde las comunidades vuelcan sus recursos en planes para atraer negocios.[2]

Al mantener y explotar las desigualdades globales, el sistema económico de los Estados Unidos ha conseguido crear un modelo que produce mercancías baratas con un alto margen de ganancias. Pero este modelo es insostenible tanto desde un punto de vista moral como práctico. En este último sentido, ya se conocen los resultados en la década de los 30: si no se les paga suficiente a los trabajadores para que sean también consumidores, no habrá un mercado suficiente y la producción caerá. El *New Deal* de la administración Roosevelt intentó remediar esta situación al reestructurar la división de recursos y hacer que la clase trabajadora tuviera más acceso al dinero. La industria respondió acelerando su traslado al extranjero. Sin embargo, el modelo de producción de mercancías baratas con altos márgenes de ganancias tampoco es sostenible a nivel global.

La segunda falacia —que el número de personas determina el número de empleos— parecería lógica a simple vista: hay un número finito de empleos, así que un mayor número de personas traería consigo una mayor competencia por los mismos. De acuerdo con esta teoría, los períodos de crecimiento poblacional acarrearían un crecimiento en el desempleo, mientras los de declive implicarían una baja. ¿Cómo podríamos interpretar, entonces, los resultados de un estudio de patrones de empleo en los Estados Unidos durante la última década realizado por el Pew Hispanic Center? El estudio encontró que "no emerge un patrón consistente que demuestre que los trabajadores nativos se perjudicaron o beneficiaron con el aumento de los trabajadores nacidos en el extranjero".[3]

Obviamente, la relación entre el tamaño de la población y el número de empleos disponibles no resulta tan sencilla como parece. De hecho, el número de empleos *no* es finito: al contrario, es elástico y está afectado por muchos factores. El crecimiento poblacional crea empleos, a la vez que provee más personas para cubrirlos; el declive de la población reduce el número de empleos y al mismo tiempo provee menos personas para trabajar en ellos. Un aumento en la población crea empleos porque los seres humanos consumen además de producir: compran cosas, van al cine, mandan a sus niños a la escuela, construyen casas, llenan los tanques de sus automóviles con gasolina, van al dentista, compran comida en tiendas y restaurantes. Cuando la población disminuye, las tiendas, las escuelas y los hospitales cierran, y se pierden empleos. Este patrón se ha visto una y otra vez en los Estados Unidos: comunidades en expansión significan más empleos.

Sin embargo, el número de personas en una comunidad no constituye el único factor que afecta el número de empleos. Algunas personas trabajan en empleos que sirven a la comunidad local directamente, y estos están afectados por aumentos o descensos en la población. Pero muchos producen bienes y servicios absorbidos en otras partes. Plantas de manufactura de automóviles en Detroit, o granjas de frutas en California, o fábricas de textiles en El Salvador, o *call centers* en Bangalore, dependen de mercados globales, no locales.

Como se ha hecho penosamente obvio durante las últimas décadas, por lo general las empresas que sirven a un mercado global no tienen un sólido compromiso con la comunidad local. Una fábrica puede proveer empleos en Detroit durante una década, o un siglo, y luego cerrar y mudarse a otro sitio por razones para nada relacionadas con el tamaño de la población. De hecho, a menudo un declive en la población suele ocurrir luego de una pérdida de empleos —cuando una fábrica cierra operaciones, la gente, sobre todo los trabajadores jóvenes, abandonan la comunidad porque han perdido sus empleos— y luego los negocios locales también comienzan a cerrar porque la población ya no puede sostenerlos.

Todos vivimos, trabajamos y consumimos tanto en la economía local como en la global. Puede que la local sea más visible, pero comemos uvas cosechadas en Chile, manejamos automóviles manufacturados en México y llenamos sus tanques con gasolina de Kuwait o Colombia. Y la gente de los Estados Unidos produce bienes y servicios que se venden en el extranjero. Este país importa y exporta más de 100 billones de de dólares en bienes y servicios al mes.[4] Los empleos en los Estados Unidos tienen mucho que ver con la economía global, no sólo con lo que está sucediendo a nivel local.

Entre las décadas de los 20 y los 70, la tasa de desempleo en los Estados Unidos osciló entre el 4% y el 6%. La excepción ocurrió durante la Gran Depresión de los años 30 (un período con tasas bajas de inmigración), cuando el desempleo aumentó dramáticamente a más del 20%. La cifra disminuyó de nuevo durante la década de los 40 con la Segunda Guerra Mundial. Comenzando en las postrimerías de los años 70, aumentó otra vez, llegando a la cima con el 10% a principios de la década siguiente, y se mantuvo entre el 5% y el 8% durante el resto del siglo XX y hasta el siglo XXI.[5] Muchos factores han influido sobre las fluctuaciones en las tasas de desempleo a lo largo de los años. Sin embargo, las tasas de inmigración no parecen tener ninguna relación directa con las de desempleo.

Entre 1870 y 1910 hubo una tasa muy alta de inmigración en los Estados Unidos. La Primera Guerra Mundial y las leyes restrictivas de inmigración en 1917, 1921 y 1924 redujeron el número de inmigrantes. La Gran Depresión, con su devastadora tasa de desempleo, ocurrió cuando casi no estaban llegando inmigrantes a este país. La deportación del sudoeste de los Estados Unidos de miles de personas de ascendencia mexicana durante esa década afectó poco la tasa de desempleo en la región (a menos que se cuente a los empleados para llevar a cabo las deportaciones). El desempleo durante la Gran Depresión tuvo poco que ver con la inmigración, al igual que el desempleo actualmente.

Los inmigrantes compiten con los trabajadores poco calificados y hacen bajar los sueldos

De hecho, desde la década de los 60 los salarios en los Estados Unidos han bajado en relación con los precios y las ganancias. En el 2006, los salarios constituyeron una proporción del producto nacional bruto menor que en ningún otro momento desde que el gobierno comenzó a recopilar estas estadísticas en la década de 1940. Por otro lado, las ganancias corporativas alcanzaron los niveles más altos de los que se tenga registro. La disparidad continuaba para el 2011. Durante la "Gran Recesión" de 2007-2009, la clase trabajadora perdió no solo millones de trabajos, sino también sus inversiones en sus casas o en acciones. Las familias trabajadoras ganaban, en promedio, $5000 menos por año en 2009 que en 2000.[1] Los avances graduales obtenidos por los trabajadores durante la primera mitad del XX comenzaron a reducirse en la segunda mitad del siglo, precisamente en el momento en que las tasas de inmigración comenzaban a aumentar de nuevo. ¿Por qué?

A simple vista, parecería cierto que los inmigrantes y los empleados poco calificados están compitiendo por los mismos trabajos. A las empresas les conviene este tipo de competencia: significa que pueden encontrar personas dispuestas a trabajar por bajos salarios. Y las empresas lo justifican diciendo que así pueden mantener los precios bajos.

Si miramos la economía de los Estados Unidos en su totalidad, es cierto que los precios de algunos tipos de productos han bajado y la gente los está consumiendo mucho más. La ropa y los aparatos electrónicos son dos ejemplos de cómo los fabricantes y vendedores han podido aprovechar los bajos salarios y la desregulación —tanto dentro de los Estados Unidos como fuera— para mantener los precios bajos. Y los consumidores están comprando mucho. La mayoría de la ropa y los aparatos electrónicos que compramos se producen fuera de los Estados Unidos, en países donde los gobiernos mantienen impuestos y costos de producción reducidos y en fábricas que pagan salarios miserables. Por esta razón, las compañías pueden mantener los precios bajos para los consumidores sin dejar de obtener una ganancia.

Si bien los precios de algunos productos de consumo, sobre todo los fabricados en el exterior, se mantienen bajos, los de otros tipos de bienes y servicios están aumentando en la economía actual. Muchas de las cosas que están subiendo de precio son las necesidades humanas básicas —servicios médicos, vivienda, educación, etc. La clase media, e incluso los trabajadores con bajos salarios, pueden beneficiarse al encontrar zapatos, teléfonos celulares e iPods baratos pero, a la vez, se les dificulta cada vez más comprar una casa, obtener los servicios médicos que necesitan o mandar sus hijos a la universidad.[2]

¿Qué está sucediendo? ¿Y qué tiene que ver con la inmigración?

Estudio tras estudio muestran que desde fines de la década de los 70, la distribución de la riqueza en los Estados Unidos se ha vuelto cada vez más desigual. Hacia fines de siglo, el 1% más rico de la población poseía cerca del 30% de la riqueza del país y el 5% más rico controlaba 60% de la riqueza.[3]

Aun cuando la inmigración también aumentó durante las últimas décadas del siglo, ello no significa necesariamente que constituyera la causa de la creciente desigualdad. La coincidencia no prueba una relación de causa y efecto. Más bien, la misma restructuración económica global que exacerbó la desigualdad en los Estados Unidos *también* contribuyó al aumento de la inmigración. De hecho, podríamos argüir que la relación de causa y efecto está invertida: un aumento en la desigualdad *creó una demanda de trabajadores inmigrantes* que, de esta manera, sirvió de estímulo a la inmigración.

El aumento en la desigualdad, la concentración de la riqueza y los productos baratos van todos juntos. Para entender cómo y por qué la inmigración encaja en la economía global, necesitamos comprender cómo funciona este sistema.

Los productos pueden fabricarse baratos cuando los gastos de las empresas —salarios, beneficios, impuestos, costos de la infraestructura y el costo de cumplir con las regulaciones de salud, seguridad y medio ambiente— resultan bajos. Las empresas siempre han intentado mantener sus gastos bajos; por esa razón tienden a oponerse a regulaciones como las antes enumeradas, porque implementarlas significa incurrir en gastos. La desigualdad les ayuda a mantener los costos bajos de varias maneras.

En primer lugar, cuando los trabajadores son pobres y carecen de protección legal están más dispuestos a trabajar jornadas largas por sueldos bajos. Las empresas se benefician cuando tienen una selección grande de trabajadores potenciales sin amparo económico o legal. Por esta razón, entre otras, las primeras industrias dependían de trabajadores inmigrantes; la agricultura en los Estados Unidos ha utilizado la esclavitud, trabajadores temporales como los del programa de los braceros e inmigrantes; y los negocios actualmente suelen oponerse a las restricciones en la inmigración. Asimismo, esto también ayuda a explicar por qué la desregulación de la economía, y hasta el aumento de la represión y la criminalización de los inmigrantes, en realidad crean una mayor demanda de trabajadores inmigrantes.

En una democracia es difícil justificar el hecho de mantener deliberadamente a una parte de la población pobre y marginada mediante métodos legales. La esclavitud racial fue uno de los métodos utilizados para hacer exactamente eso hasta los años 60 del siglo XIX. Los programas de trabajadores temporales, la legislación Jim Crow y otras formas de discriminación legal —tanto en el norte como en el sur— devinieron otros métodos para mantener una reserva de trabajadores sin derechos disponible para las empresas hasta la década de los 60. En el oeste de los Estados Unidos, las restricciones legales contra los ciudadanos estadounidenses de origen mexicano cumplieron el mismo propósito que las leyes de Jim Crow en el sur. No es fortuito que las empresas busquen nuevas fuentes de mano de obra explotable en períodos de expansión de derechos a sectores de la sociedad previamente excluidos.

Los sociólogos han utilizado el concepto del "mercado de trabajo dual" (*dual labor market*) para explicar el funcionamiento de este sistema durante la historia de los Estados Unidos (y también de otros países industrializados). El *mercado primario de trabajo* se refiere a los trabajos regulados. A los trabajadores los protegen leyes que establecen salarios razonables, estándares de salud y seguridad, y beneficios. Estos trabajos son de largo plazo y ofrecen seguridad de empleo; también se reconoce y protege legalmente el derecho de los trabajadores a formar sindicatos.

El *mercado secundario de trabajo* consiste en empleos que, por lo general, no son regulados. Los salarios son bajos y las condiciones laborales peligrosas y con frecuencia perjudiciales para la salud. Estos trabajos no sólo son desagradables y mal compensados, sino también un callejón sin salida porque no ofrecen muchas oportunidades de promoción. Las malas condiciones laborales se justifican a menudo con prejuicio sutil y/o evidente contra quienes desempeñan esos empleos: se les considera menos inteligentes, no merecedores de ayuda y congénitamente predispuestos a hacer este tipo de actividades. Por lo general, no son ciudadanos. Hasta 1930 la mayoría de los obreros fabriles pertenecía a esta categoría.

¿Por qué razón consentiría alguien trabajar bajo condiciones tan desfavorables? Entender cómo funciona la desigualdad nos ayuda a proveer la respuesta de maneras obvias y menos evidentes.

Comencemos por lo obvio. La desigualdad mantiene una población de gente pobre sin acceso a recursos a la que la falta de alternativas podría llevar a aceptar trabajos bajo las peores condiciones. Pero funciona también en los niveles regionales y globales, aparte del local. Estas desigualdades globales ayudan a entender por qué las sociedades industriales han dependido de la mano de obra inmigrante para ocupar los trabajos en el sector laboral secundario, en vez de contratar a los pobres a nivel nacional.

Los inmigrantes de Europa del sur y Europa oriental que llenaban las fábricas y las minas, así como los latinoamericanos y asiáticos que hoy colman los talleres clandestinos (*sweatshops*) en los Estados Unidos, los campos y los renglones bajos del sector de servicios, comparten algunas características relacionadas con las desigualdades regionales.

En primer lugar, *el dólar estadounidense vale más en el país de origen de todos estos inmigrantes que en los Estados Unidos*. Los inmigrantes suelen pensar que los Estados Unidos son un país de fantástica riqueza, donde el trabajo duro puede brindar una recompensa increíble. Y tienen razón: el 26.3% de los mexicanos, el 46.4% de los filipinos y el 90.8% de los nigerianos viven con 2.00 dólares o menos al día en sus respectivos países.[4] Estas personas saben que podrían ganar más dinero en los Estados Unidos.

Desde luego, el costo de vida en México, las Filipinas y Nigeria es mucho más bajo que en los Estados Unidos. El salario mínimo (o por debajo de este) que un trabajador mexicano podría ganar en los Estados Unidos no sería suficiente para mantener a una familia aquí, pero puede significar la diferencia entre la privación total y la supervivencia digna, o entre una supervivencia mínima y la esperanza de un futuro mejor, en México, Nigeria o las Filipinas.

Esto nos lleva a la segunda pieza del rompecabezas: *los inmigrantes están dispuestos a aceptar condiciones en el extranjero que nunca aceptarían en sus países de origen.* Mucha gente emigra pensando que trabajarán por corto tiempo en el extranjero, viviendo bajo las peores condiciones y ganando dinero para ayudar a quienes dejaron en su país natal, para luego regresar a comprar una casa, un terreno o empezar un negocio. Los trabajadores emigrantes que vienen a los Estados Unidos con estas intenciones no están muy preocupados por sus condiciones de vida mientras están en el país. A menudo están dispuestos a trabajar quince horas al día, compartir un cuarto con otras seis personas, privarse de todo tipo de vida social y comer sólo comida enlatada con tal de poder ahorrar tanto como puedan para volver tan pronto sea posible.

Los inmigrantes trabajan en empleos que los ciudadanos norteamericanos no aceptarían. En las célebres palabras del presidente de México, Vicente Fox, "trabajos que ni siquiera los negros quieren hacer", porque no están intentando vivir una vida decorosa en los Estados Unidos.[5] Con sus precarios salarios no podrían hacerlo ni aunque quisieran. Su marco de referencia es su país de origen, más pobre que los Estados Unidos. Y lo que parece un salario ínfimo aquí vale mucho más en sus países natales.[6]

Con el paso del tiempo, sin embargo, cambia el marco de referencia de estos migrantes. Algunos terminan regresando a sus países respectivos con lo que han podido ahorrar; otros comienzan a echar raíces y a traer o establecer familias. La Primera Guerra Mundial, así como las restricciones a la inmigración impuestas después de este conflicto, aceleraron este proceso para los inmigrantes europeos que ya no podían regresar a casa. A medida que empiezan a asimilarse en la nueva sociedad, los inmigrantes ya no están dispuestos a trabajar por salarios por debajo del mínimo y en condiciones intolerables. Comienzan a luchar para mejorar sus condiciones de vida en su nuevo hogar.

Durante la primera mitad del siglo XX los inmigrantes europeos, por lo general, tuvieron éxito en este proceso. La fuerza creciente de los sindicatos se combinó con la legislación federal que comenzó a regular las condiciones de trabajo en las fábricas durante las décadas de los 30 y 40. En vez de un trabajo peligroso y mal pagado, la línea de ensamblaje comenzó a ser la base para un estilo de vida de clase media. Los trabajadores industriales podían comprar casas y automóviles, tomar vacaciones y mandar a sus hijos a la universidad.

Sin embargo, algunos sectores de la economía fueron excluidos de las reformas del New Deal de Roosevelt de las décadas de los 30 y 40 y permanecieron en el mercado laboral secundario. Las aéreas principales que quedaron fuera de estas reformas fueron la agricultura y el servicio doméstico. Hasta el año 2011 la Ley de Relaciones Obrero-Patronales (*National Labor Relations Act*) *todavía* excluía a los trabajadores agrícolas y a los empleados domésticos. Como se trataba de sectores en los que la mayoría de los trabajadores eran —y son— gente de color, sobre todo afroamericanos y mexicano-americanos, la mayor parte de los análisis concluyen que las reformas del New Deal terminaron reforzando las desigualdades raciales y el mercado de trabajo dual, aun sin mencionar explícitamente la raza o favorecer abiertamente a los blancos.

Otras reformas federales de mediados del siglo XX también contribuyeron a intensificar las desigualdades raciales preexistentes. Por ejemplo, el proyecto de ley que concedía beneficios a los veteranos de las Fuerzas Armadas estadounidenses (*GI Bill*), aprobado en 1944, facilitó que millones de personas de la clase obrera tuvieran acceso a la educación a nivel post-secundario, pero la mayoría de las instituciones de educación superior y las universidades excluían a los negros. Los préstamos federales para la vivienda y las políticas de concesión de hipotecas también exacerbaron las desigualdades raciales porque los convenios racialmente restrictivos, los códigos locales, y las políticas de préstamos excluían directamente a los no blancos de muchos pueblos y barrios.

Cuando los inmigrantes de Europa del sur y Europa oriental llegaron a los Estados Unidos a fines del siglo XIX y principios del XX, no se les consideraba blancos, o por lo menos totalmente blancos. Fueron a trabajar a fábricas y minas bajo condiciones abominables. Las empresas podían usarlos como parte del mercado laboral secundario para construir sus industrias porque eran pobres, estaban marginados por ser recién llegados y no ciudadanos, y porque la legislación que protegía los derechos de los obreros fabriles apenas estaba en su etapa inicial. Los afroamericanos y los mexicano-americanos permanecían todavía más marginados porque la segregación racial y la discriminación dominaban el panorama y estaban codificadas en forma de ley.

Las reformas de mediados de siglo XX extendieron los derechos a los inmigrantes europeos, a la vez que reafirmaron la exclusión de las personas de color, tanto de los inmigrantes como de los ciudadanos. Personas de ascendencia mexicana —incluyendo muchos ciudadanos— fueron víctimas de deportaciones masivas en la década de los 30, justamente cuando las reformas del New Deal comenzaban a mejorar las condiciones de trabajo en las fábricas. La continua expansión de derechos descrita en la introducción llevaba consigo una continua *exclusión* de derechos para las personas de color. Cada período de expansión de derechos y reformas ha sido acompañado y/o seguido por una redefinición de la exclusión. Y la exclusión garantizaba la continua existencia de un grupo de trabajadores potenciales para el mercado de trabajo secundario.

El Programa Bracero, establecido en 1942, proveyó otra manera legal de usar a los trabajadores mexicanos en el mercado de trabajo secundario. Fueron traídos al país con visas temporales que los definían como "brazos" en vez de personas, y los trataban como sirvientes obligados (*indentured servants*). En el noreste, un programa similar de reclutamiento de trabajadores trajo a puertorriqueños —como los afroamericanos, considerados ciudadanos de segunda clase— para trabajar en fincas y campos.

En la década de los 60, el sistema formal de segregación racial en los Estados Unidos fue desmantelado y una nueva ola de programas gubernamentales como la Acción Afirmativa y los cupones de alimentos trató de reparar las consecuencias de siglos de desigualdad racial y exclusión sancionados por el sistema legal y jurídico. La Ley de Derecho al Voto, además, reconocía que los negros habían sido excluidos por medios administrativos de la ciudadanía plena. Se admitía también, tácitamente, que el Programa Bracero constituía una violación de los derechos humanos de las personas. De acuerdo con un antiguo comisionado de inmigración, "sus defectos ya no se podían reconciliar con la sensibilidad de la era de los derechos civiles y el reconocimiento de cómo se debía tratar a la gente en una sociedad democrática".[7]

Había una diferencia, sin embargo, entre los afroamericanos, a quienes se les habían concedido lenta y dificultosamente los derechos de ciudadanía, y los inmigrantes. A algunos inmigrantes también se les otorgaron derechos y oportunidades para obtener la ciudadanía. La exclusión de los negros de la ciudadanía por razones explícitamente raciales se había desmantelado mediante una serie de medidas que comenzaron con la Enmienda 14 de 1868 y continuaron con la Ley de Derecho al Voto de 1965. A lo largo del camino, las barreras impuestas a los asiáticos, sustentadas igualmente en la raza, también se desmantelaron, aunque con un calendario diferente.

Pero también en 1965, la imposición por primera vez de límites al número de personas procedentes de México y de otros países del hemisferio occidental llevó a un aumento en el número de "inmigrantes ilegales" sin acceso a esta expansión de derechos. Y la nueva ola de globalización de la mano de obra, comenzada con la Operación Manos a la Obra en Puerto Rico en las décadas de los 40 y 50 y expandida con el Programa de Industrialización de la Frontera en México, en 1965, creó nuevos mecanismos para que las corporaciones accedieran a trabajadores excluidos de sus derechos democráticos. Estos dos programas creaban en el extranjero zonas francas industriales de exportación e invitaban a empresas norteamericanas a trasladar sus operaciones al país.

La gente de color con ciudadanía todavía enfrentaba barreras sociales y los inmigrantes de color confrontaban nuevas estructuras como las cuotas nacionales, todavía vigentes hoy en día, que los dejaban fuera. A muchos inmigrantes de Latinoamérica y Asia llegados al país después de 1965 se les excluyó de los derechos de la ciudadanía, como a generaciones previas de personas de color. La categoría de inmigrantes catalogados como "ilegales" aumentó rápidamente por la manera en que la ley se había diseñado y por la creciente demanda de trabajadores inmigrantes.

La ley de 1965 desmanteló las cuotas sustentadas en el origen nacional, vistas universalmente como discriminatorias. En su lugar, se creó un sistema uniforme de cuotas de 20,000 por país para el hemisferio oriental y un límite de 150,000 para el occidental —es decir, Canadá, el Caribe y Latinoamérica. (Este sistema se cambió en 1976 para implementar la cuota de 20,000 por país para los países del hemisferio occidental también.) La ley concedió preferencia a personas con familiares ya radicados en los Estados Unidos.

El sistema de preferencia familiar reforzó el fenómeno de la migración en cadena de los países pobres. Este sistema estaba basado en el principio humanitario de la reunificación familiar, pero sus repercusiones fueron mucho más allá. La inmigración se estructuró alrededor de círculos de relaciones con individuos en los Estados Unidos. Países con una historia reciente de inmigración, como México, sobrepasaron sus cuotas rápidamente porque muchos mexicanos tenían familiares en los Estados Unidos y podían acceder a la prioridad dada a los parientes cercanos de personas con estatus legal. Por otro lado, países sin una presencia significativa en los Estados Unidos, como Paraguay, apenas llenaban sus cuotas.

El sistema de cuotas uniformes también instauró sus propias formas de discriminación. Países enormes como China e India tenían la misma cuota que países diminutos. Por eso, un inmigrante potencial de un país pequeño tenía mayores posibilidades de recibir una visa que una persona de un país más poblado. Además, diferentes factores históricos hacían que la "demanda" de visas en algunos países fuera muy baja, mientras en otros era muy alta. Por ello algunos nunca llegaron al límite de sus cuotas, lo cual hacía muy fácil que sus ciudadanos obtuvieran visas.

Mientras tanto, otros países tenían mucho más de 20,000 solicitantes. Esto quería decir que si usted no pertenecía a una de las categorías con preferencia, es decir, si usted no tenía familiares en los Estados Unidos o una destreza particular de trabajo, sus posibilidades de obtener una visa eran prácticamente nulas. La espera por una visa podía durar años, o hasta décadas, incluso para personas con familiares cercanos que eran ciudadanos o residentes permanentes de los Estados Unidos.

Un problema fundamental del nuevo sistema de cuotas es que se centraba en los países en lugar de las personas. A la vez que pretendía terminar con la discriminación basada en el origen nacional, convertía el origen nacional en el factor determinante para disponer si un individuo podía recibir permiso para radicarse en los Estados Unidos. Al tratar a todos los países de la misma manera, trataba a las personas de manera diferente. La probabilidad de que a una persona se le concediera el permiso de venir al país no dependía de su raza, sino de cuán grande era su país de origen y de cuántas personas en su país querían venir a los Estados Unidos.

Completando el cuadro, la ley de 1965 ignoró la larga historia de integración económica entre México y los Estados Unidos, y especialmente la migración laboral entre ambos. Las redes y normas de migraciones con raíces todavía más antiguas que el Programa Bracero, no desaparecieron cuando fue cancelado; los trabajos que los migrantes mexicanos desempeñaban, sobre todo los temporales en la agricultura, tampoco. La imposición del sistema de cuotas que imponía un número tan bajo para México coincidió con el fin del Programa Bracero; esto llevó a que la ley hiciera que el número de migrantes "ilegales" aumentara dramáticamente. El hecho de cancelar el Programa Bracero sin crear ningún otro mecanismo legal que permitiera a los mexicanos trabajar en los Estados Unidos convirtió a personas que en el pasado habían trabajado legalmente en el país en "inmigrantes ilegales". Cien años después de la abolición de la esclavitud, la persistencia en el uso de distinciones legales entre las personas aseguraba que los empleadores del mercado de trabajo secundario tuvieran una amplia fuente de mano de obra compuesta por trabajadores que no podían ampararse en la ley para proteger sus derechos en su puesto de trabajo.

Las estructuras de exclusión se fortalecieron con las desigualdades globales que hicieron que los inmigrantes, como gente con un marco doble de referencia —el país de origen y los Estados Unidos— estuvieran más dispuestos a aceptar su exclusión en vez de combatirla.

Con las reformas legales domésticas de la década de los 60, los afroamericanos adquirían los derechos de una ciudadanía plena; sin embargo, todavía perduraban desigualdades estructurales y el mercado de trabajo secundario. Para la década de los 70, los pobres de todas las razas sufrieron golpes económicos que comenzaron a deshacer las redes de protección social establecidas durante décadas anteriores. Se reforzó la conexión entre los derechos y la ciudadanía. Un creciente número de inmigrantes latinoamericanos y asiáticos crearon una nueva fuente de no ciudadanos que podían ser tratados como trabajadores sin derechos.

El desmoronamiento del sistema de redes de protección social, junto a la desindustrialización, socavó severamente el sector primario del mercado laboral. Y mientras se contraía la fuerza laboral del mercado primario, la del mercado secundario se expandía. A medida que las mujeres ingresaron a la fuerza laboral en números crecientes y las personas tenían que trabajar más horas para poder mantener un estilo de vida de clase media, gran número de los servicios conectados con la *reproducción* de la fuerza laboral se mudaron del hogar al sector privado. La comida rápida, el cuidado de los niños, el cuidado de los ancianos y los servicios de atención médica domiciliaria se convirtieron en sectores de rápido crecimiento. Eran trabajos que no podían trasladarse al extranjero. Pero si los trabajadores sin derechos económicos y sociales pudieran ser contratados, podrían entonces constituir la fuerza laboral de trabajadores con salarios bajos que requería el sistema.

La economista Nancy Folbre llama a este aspecto de la economía "el corazón invisible", por contraste con "la mano invisible" que los economistas de la escuela clásica sostienen que rige el mercado. La autora explica que el mundo del trabajo y los negocios no podría existir sin la labor no remunerada que proveen mayormente las mujeres en una red invisible de cuidado. Las transformaciones económicas comenzadas en la década de los 70 trajeron la necesidad de trabajar por períodos más largos fuera de la casa y fueron acompañadas por recortes en los servicios públicos y beneficios, creando lo que Barbara Ehrenreich y Arlie Hochschild han denominado un "déficit de cuidado" en el Primer Mundo.[8] Gran parte de los inmigrantes llegados en la ola inmigratoria que comenzó después de 1965 vino a remediar ese déficit.

La cambiante economía creó también otros trabajos en el sector del mercado secundario. Nuevos sistemas de subcontratación permitieron que algunos trabajos se movieran del sector regulado al sector informal. Las fábricas amenazaron con cerrar si sus trabajadores sindicalizados no renunciaban a los logros sindicales de los últimos cincuenta años para competir con mano de obra barata en el extranjero. Las ciudades norteamericanas trataron de atraer industrias prometiéndoles exenciones de regulaciones e impuestos que habían formado parte del modelo redistributivo de mediados del siglo XX. Entonces, las condiciones de la fuerza laboral del sector primario se deterioraron a la vez que se perdían trabajos debido al *outsourcing*.

Algunos de estos cambios minaron gradualmente los derechos sociales y económicos que los obreros habían alcanzado tras décadas de lucha y legislación. Las prisiones y agencias de seguridad se convirtieron en sectores crecientes de empleos, dado que segmentos cada vez mayores de la población eran empujados a la desesperación por la gravedad de la situación económica.

Los nuevos derechos políticos de los afroamericanos también se vieron socavados durante esta época. La criminalización del uso de la droga, las draconianas leyes y los patrones de condena carcelaria contribuyeron una impactante estadística: en muchas comunidades afroamericanas, incluyendo Washington DC, 3 de cada 4 jóvenes afroamericanos estarían en prisión en algún momento de su vida.[9] A más de 5 millones de estadounidenses se les priva del derecho al voto por haber cometido delitos graves. Esta cifra incluye al 13% de los hombres afroamericanos.[10] Mientras técnicamente son todavía ciudadanos, a estas personas se les coarta uno de los derechos fundamentales de la ciudadanía: el derecho al voto.

Los inmigrantes, sin embargo, no tienen derechos políticos. Si enmarcamos nuestra discusión en términos de países y nacionalidades, parecería lógico que las personas deberían tener derechos sólo en los países de los que son ciudadanos. Pero si enmarcamos nuestra discusión hablando de los trabajadores y sus derechos, emerge un patrón diferente. Durante siglos, los Estados Unidos y otros países industrializados han institucionalizado un sistema basado en las desigualdades al conceder derechos a algunos grupos y negárselos a otros. Las personas sin derechos pueden ser esclavos, súbditos coloniales, minorías raciales y étnicas, inmigrantes o residentes de otros países. En todos los casos, sin embargo, los gobiernos se han ingeniado para que existan personas sin derechos a fin de satisfacer las necesidades de los negocios en el sentido de tener mano de obra barata y un alto margen de ganancias. Históricamente, cuando un grupo de trabajadores ha logrado obtener derechos, las empresas —con la ayuda del gobierno— han buscado en otros lugares para definir o crear un nuevo grupo de trabajadores carentes de derechos.

La ciudadanía excluyente ha permitido a los Estados Unidos mantener la ficción de igualdad de derechos y a la vez garantizar que los empleadores tengan acceso a trabajadores sin protección de derechos. Desde la misma fundación del país, la idea de que "todos los hombres son creados iguales" ha coexistido con la realidad de la esclavitud y la exclusión de un gran número de personas físicamente presentes en los Estados Unidos de los derechos que concede la ciudadanía. Esta contradicción todavía caracteriza a la sociedad y a su sistema legal: a mucha gente que está físicamente aquí todavía se les priva de los derechos y privilegios de la ciudadanía. Mantener a alguna gente fuera de los beneficios de la igualdad y la ciudadanía sirvió los propósitos de las empresas que necesitaban mano de obra barata en el pasado y continúan necesitándola hoy.

Volvamos, pues, a considerar nuestra pregunta original: ¿es cierto que los inmigrantes compiten con los trabajadores poco calificados por los trabajos con salarios bajos? Sí. Pero *la razón* por la que existe esta competencia es que *demasiadas personas que residen aquí son privadas de sus derechos*. Las propuestas de reformas a la inmigración que están circulando hoy no hacen nada por ampliar los derechos de quienes están excluidos actualmente. De hecho, ocurre todo lo contrario. Imponer más restricciones a la inmigración no va a reducir el número de inmigrantes mientras exista la demanda por la fuente de trabajo; la historia ha mostrado que los inmigrantes continuarán llegando. Un aumento en las restricciones agravaría el problema de la falta de derechos de los inmigrantes. La respuesta al problema de los bajos salarios no es restringir los derechos de las personas ubicadas en el escalón más bajo de la jerarquía social (a través de deportaciones y la criminalización) sino impugnar el acuerdo entre las empresas y el gobierno, que promueve un modelo económico basado en bajos salarios y un alto margen de ganancias.

Cuando los historiadores examinan la evolución de los derechos de los trabajadores en los Estados Unidos, suelen señalar que la institución de la esclavitud y la subsiguiente política de segregación racial y privación del derecho al voto a los afroamericanos hizo que el sur se quedara rezagado respecto al norte en el crecimiento de las organizaciones sindicales y en la adquisición de derechos laborales. Los trabajadores blancos sureños pueden haberse aferrado a su estatus de superioridad legal y racial, pero la consolidación de las desigualdades raciales también socavó el estatus socioeconómico de los blancos pobres. Es muy difícil crear sindicatos cuando estás rodeado de gente mucho más pobre que aceptaría gustosa tu trabajo, y es difícil realizar trabajo de organización por la justicia social cuando tu objetivo es preservar la leve ventaja que tienes sobre quienes están por debajo de ti en la jerarquía social.

Sin embargo, es importante reconocer que la razón por la que a los blancos pobres del sur se les hizo difícil lograr cambios sociales no fue la presencia de los afroamericanos o el hecho de que eran afroamericanos, sino la institución de la esclavitud y la exclusión basada en la raza, y la historia de robo y privación de derechos a la que se les sometió. Esto, combinado con el racismo blanco, impidió que los blancos pobres del sur —al igual que los negros— adquirieran la justicia social y la igualdad. De la misma manera, no es la presencia de los inmigrantes lo que hace que bajen los salarios y empeoren las condiciones de vida de los ciudadanos, sino el hecho de que son privados de derechos, combinado con el racismo anti-inmigrante, lo cual crea los obstáculos para mejorar las vidas de los pobres.

Las decisiones y políticas de gobiernos y corporaciones constituyen los principales factores que determinan los niveles de los salarios. Las desigualdades globales y locales forman la base que permite a las economías mantener un sistema basado en bajos salarios y un mercado de trabajo dominado por el sector secundario. Tanto los inmigrantes como los pobres en general, dentro y fuera de los países desindustrializados como los Estados Unidos, son las víctimas comunes del estilo de vida extravagante y fastuoso de los adinerados y del lucro de las corporaciones.

Si examinamos la historia, descubrimos que los retos más grandes al modelo de sueldos bajos y alto margen de ganancias han provenido de la legislación federal y de los movimientos de transformación social, incluyendo la organización obrera. Cuando los gobiernos ofrecen a las empresas libertad de las regulaciones y privan a sus trabajadores de sus derechos, proliferan los bajos salarios y los altos márgenes de ganancias, y la democracia sufre. A lo largo de la historia de los Estados Unidos siempre han existido grupos a los que se les ha negado su derecho al voto utilizando excusas como la raza, el estatus económico o la nacionalidad. Las empresas se benefician con este sistema, pero el resto de la población sufre. Expandir los derechos democráticos "hacia abajo" nos beneficia a todos, especialmente a quienes están en el fondo de la estructura social. La contradicción entre los derechos de los inmigrantes y los derechos de los ciudadanos pobres es más aparente que real.

Mito 3

Los sindicatos están contra la inmigración porque perjudica a la clase trabajadora

Los sindicatos de los Estados Unidos no han estado siempre contra la inmigración. Sin embargo, durante el siglo XX la corriente dominante (*mainstream*) del movimiento laboral en los Estados Unidos estuvo contra la inmigración hasta la década del 90. Las razones se relacionan con la manera como el movimiento laboral estadounidense llegó a definir sus metas y su lugar en la historia de la sociedad norteamericana.

A principios del siglo XX, la Federación Americana del Trabajo (*American Federation of Labor-AFL*) compitió por la prominencia con otras uniones más radicales. Los Trabajadores Industriales del Mundo (*Industrial Workers of the World, IWW*) promovían una agenda basada en la justicia social y trataban de movilizar a los más desamparados. Su meta consistía en lograr una profunda transformación social y económica. Por contraste, la AFL aceptaba básicamente el orden social. Su labor se concentraba, sobre todo, en mejorar las condiciones de vida de los trabajadores más diestros, creando lo que algunos han llamado una "aristocracia del trabajo". Con la expansión del Congreso de Organizaciones Industriales (*Congress of Industrial Organizations, CIO*) y su fusión posterior con la AFL, a mediados del siglo XX, el resultado fue la creación de un "estado de bienestar privado" para los trabajadores sindicalizados.[1]

Mientras algunos de sus homólogos europeos tenían agendas que buscaban mejorar las condiciones de vida de la clase trabajadora, la AFL-CIO

se concentraba en mejorar las condiciones de los trabajadores sindicalizados. En vez de luchar por aumentar el salario mínimo o crear un sistema
de salud pública nacional, la AFL-CIO se concentró en tratar de conseguir
mejores beneficios para los trabajadores sindicalizados mediante contratos
obrero-patronales. La posición privilegiada de los trabajadores sindicalizados (en su mayoría blancos) dependía de la existencia del mercado de
trabajo dual —a nivel doméstico y global— que producía bienes y servicios
por poco dinero. Así funcionaba el sistema: algunos tenían sueldos bajos
para que otros pudieran disfrutar de productos baratos.

La IWW rechazó la manera como la ciudadanía era utilizada en los
Estados Unidos para privar a algunos trabajadores de sus derechos. El
líder de la IWW, "Big Bill" Haywood, describe en su autobiografía el momento en que se dirigió a la convención inaugural de 1905: "Pensé mucho
en cómo debía inaugurar la convención. Recordé que durante el período
de la Comuna francesa los trabajadores se dirigían los unos a los otros
como 'conciudadanos', pero aquí había muchos trabajadores que no eran
ciudadanos, así que eso no funcionaría (…). Inauguré la convención diciendo: 'Compañeros trabajadores'".[2]

Esta actitud contrasta con la adoptada el mismo año por Samuel
Gompers, el presidente de la AFL. Proclamó con orgullo: "Los caucá-
sicos (…) no van a permitir que su nivel de vida sea destruido por negros, chinos, japoneses, o ningún otro".[3] Como explicó el historiador
David Roediger, "ellos [la AFL] se oponían a la entrada de 'la escoria'
de 'los países menos civilizados de Europa' y 'el desplazamiento de los
independientes e inteligentes mineros de Pennsylvania por los hunos y
los eslavos'. Escribieron sobre su temor de que un minero 'americano'
en Pennsylvania pudiera progresar sólo si 'latinizaba' su nombre. Pre-
guntaron explícitamente: '¿cuánta más inmigración puede absorber este
país y mantener su homogeneidad?'".[4]

El sindicato de los Mineros Unidos de América (*United Mine Workers
of America, UMWA*) postulaba que los sindicatos necesitaban defender
"los ideales de la civilización caucásica" y frecuentemente advertía en su
publicación sobre la "amenaza amarilla".[5]

Gompers se convirtió en un antiimperialista en el caso de las Filipinas, no por solidaridad con el movimiento independentista o porque se

opusiera a la expansión colonialista, sino por racismo. "Nosotros no nos oponemos al desarrollo de nuestra industria, la expansión de nuestro comercio, ni al desarrollo del poder e influencia que los Estados Unidos pueden ejercer sobre los destinos de las naciones del mundo", declaró. El problema para Gompers era la "población semisalvaje" de las islas, que él no quería ver incorporada a la población de los Estados Unidos.[6]

"Si las Filipinas son anexadas", reclamaba, "¿qué les va a impedir a los chinos, los negritos y los malayos venir a nuestro país? ¿Cómo podemos impedir que los culíes chinos vayan a las Filipinas y de allí vengan en tropel a los Estados Unidos y absorban a nuestra gente y nuestra civilización? (...) ¿Cómo esperar contener la avalancha de la inmigración de hordas de chinos y razas semisalvajes de lo que sería entonces parte de nuestro propio país?"[7]

Como demuestra Vernon Briggs, "en cada coyuntura, y sin excepciones antes de la década de los 80, el movimiento sindical promovió directa o apoyó enfáticamente toda iniciativa legislativa del Congreso con el propósito de restringir la inmigración y hacer cumplir las disposiciones de la política de inmigración".[8] Hasta 1917, esas restricciones estaban basadas exclusivamente en la raza. Primero prohibieron la inmigración china; luego la japonesa y, finalmente, toda inmigración proveniente de Asia.

Sin embargo, durante las primeras décadas del siglo XX, la AFL comenzó —gradualmente y a regañadientes— a aceptar a los nuevos inmigrantes europeos en su seno. "Aunque oportunista, cautelosa e incompleta, la apertura de la AFL a los nuevos trabajadores inmigrantes inició un proceso que podía transformar la clasificación semi-racial de los inmigrantes llegados recientemente (…). Aunque defendían e igualaban niveles de vida, salario y consumo 'blancos' y 'americanos', los más optimistas comenzaron a proponer que esos estándares podían enseñarse a los nuevos inmigrantes".[9] Sin embargo, los trabajadores que no se podían incluir dentro de esta nueva definición de "lo blanco" quedaban excluidos.

Los trabajadores de Europa del sur y Europa oriental asumieron una identidad blanca, como había ocurrido antes con los irlandeses, al aceptar la jerarquía racial sin cuestionarla. Los irlandeses "aprendieron a diferenciarse de otros grupos en las luchas raciales y a establecer su reclamo de ser 'blancos'. Lo lograron al luchar al lado de la república blanca y contra los negros en los disturbios raciales de Filadelfia y protestas contra el reclutamiento militar obligatorio que tuvieron lugar en Nueva York en 1863. Participaron también en el movimiento anti-chino en California".[10] Michael Rogin sostiene que los irlandeses, primero, y los inmigrantes de Europa del sur y Europa oriental después, reclamaron su derecho a ser incluidos entre "los blancos" al adoptar el racismo blanco, específicamente a través de la práctica del *blackface*: "El *blackface* (…) distanciaba a los irlandeses de aquellos a quienes parodiaban. Demostrando su dominio del estereotipo cultural, los juglares irlandeses de los '*minstrel shows*' cruzaron la frontera cultural. El *blackface* dio entrada a los inmigrantes irlandeses a la clase trabajadora blanca, liberándolos de "la culpa por asociación con los negros".[11]

Antes de la Guerra Civil estadounidense el Partido Demócrata abrió sus puertas a los inmigrantes irlandeses de la clase trabajadora con una plataforma a favor de la esclavitud. Los demócratas que esperaban mantener la esclavitud buscaban "un contrapeso para la ventaja numérica de los estados libres del norte a través de la asimilación de los irlandeses dentro de la raza blanca".[12] El partido se convirtió en "una coalición de constituyentes de la maquinaria urbana y sureños negrofóbicos".[13]

Algunas prácticas de los sindicatos, como las cláusulas de "padre-hijo" en las industrias de la construcción y los sistemas de aprendizaje de oficios y de antigüedad, ayudaron a mantener la exclusividad racial en la AFL y más tarde en la AFL-CIO hasta bien entrada la década de los 60.[14] La federación se opuso a la campaña de la *National Association for the Advancement of Colored People* (NAACP) para incluir a los trabajadores domésticos y agrícolas bajo la protección de la Ley Wagner de 1935.[15] Le preocupaba que la Ley de Derechos Civiles de 1964 impugnara su historia de discriminación y por eso luchó por no aplicarla de manera retroactiva.[16]

El sistema excluyente funcionó relativamente bien para muchos trabajadores blancos hasta que comenzaron los procesos de restructuración económica de la década de los 70. Pero en 1970 comenzó a desmoronarse el convenio social del New Deal de Roosevelt. Las empresas apresuraron su traslado al exterior y el gobierno empezó a desmantelar el estado de bienestar social del New Deal. A la AFL-CIO le tomó hasta 1993 reconocer que el antiguo sistema era irrecuperable y que su supervivencia dependía de incluir a los nuevos trabajadores inmigrantes. En su convención de 1993 adoptó una resolución criticando a quienes "explotaban la ansiedad pública convirtiendo a los inmigrantes y refugiados en los chivos expiatorios de los problemas económicos y sociales". "Los inmigrantes no son la causa de los problemas de nuestra nación", proclamaba la resolución. Esta afirmaba los derechos de los inmigrantes, tanto de los documentados como de los indocumentados, e instaba a los sindicatos a "desarrollar programas tomando en cuenta las necesidades particulares de los miembros y de los potenciales miembros que son inmigrantes". Promovía que colaboraran con "grupos y organizaciones de defensa de inmigrantes".[17]

El liderazgo de "Nuevas Voces", que tomó las riendas de la federación en 1995, continuó con la tendencia que buscaba distanciarse del exclusivismo y el "estado de bienestar privado". El nuevo liderazgo rechazó de manera categórica la idea de que "los inmigrantes son culpables del deterioro del estándar de vida de los norteamericanos que trabajan en empleos con salarios bajos". En vez de considerar a los inmigrantes como el problema, proponía "aumentar el salario mínimo, adoptar un sistema de salud pública universal, y promulgar una reforma de leyes laborales como la manera de remediar el problema del aumento creciente de la disparidad salarial en la nación".[18]

Mito 4
Los inmigrantes no pagan impuestos

Sin importar su estatus, los inmigrantes pagan los mismos impuestos que los ciudadanos: impuestos a la venta, a la propiedad (si alquilan o son propietarios de una casa), a la gasolina. Algunos trabajan en el sector informal de la economía y se les paga en efectivo y por debajo de la mesa, de modo que no se les descuentan impuestos federales o estatales o impuestos del seguro social. Algunos ciudadanos hacen lo mismo. Cada vez que la hija o el hijo del vecino sirve de niñera o limpia la nieve del frente de mi casa, él/ella está trabajando en el sector de la economía informal.

Una parte significativa del sector de servicios opera en la esfera informal de la economía. El cuidado de niños y el servicio doméstico son trabajos que desempeñan, por lo general, las mujeres y se sustentan en acuerdos informales, independientemente de si los empleados son ciudadanos o inmigrantes documentados o indocumentados. De manera creciente varios empleos que solían pertenecer al sector formal —como los de las fábricas— han descendido al informal mediante elaborados sistemas de subcontratación. La industria textil y de manufactura de ropa es particularmente notoria en este tipo de arreglos.[1]

Este sector informal ofrece algunos beneficios a patronos y consumidores. Los empleadores pueden pagar salarios más bajos que los estipulados por ley, mientras los consumidores tienen acceso a productos y servicios baratos producidos por trabajadores que reciben salarios bajos y libres de impuestos.

Sin embargo, los trabajadores del sector informal de la economía no se benefician del sistema de la misma manera. No disfrutan de ninguna de las protecciones que garantiza el empleo formal, como un salario mínimo o regulaciones que protegen la salud y la seguridad. Los trabajadores de este sector no pueden obtener seguro de desempleo o indemnización por accidentes o enfermedades en el trabajo, y por lo general no reciben ningún beneficio de sus patronos (seguro médico, licencia por enfermedad o vacaciones, etc.).

Es difícil conocer con exactitud las estadísticas del sector informal de la economía porque, por definición, carece de regulación. Un estudio reciente realizado en Los Ángeles estimaba que los inmigrantes componían el 40% de la población de la ciudad y que una cuarta parte eran indocumentados. El 15% de la fuerza laboral de la ciudad trabajaba en la economía informal y los trabajadores indocumentados estaban concentrados allí: el 60% de los trabajadores en la economía informal eran indocumentados.[2]

Por otra parte, muchos inmigrantes trabajan en el sector formal de la economía; en estos casos, a los cheques con sus salarios se les hacen las mismas deducciones de impuestos que a los de los ciudadanos. Los inmigrantes indocumentados que trabajan en el sector formal por lo regular trabajan con números de seguridad social falsos. La Administración del Seguro Social calcula que tres cuartas partes de los trabajadores indocumentados así lo hacen.[3]

El debate público sobre esta práctica es a menudo vehemente. En realidad, los únicos que salen perdiendo con el uso de números de seguridad social falsos son los trabajadores mismos. A los cheques de los trabajadores se les deducen impuestos; pero si son indocumentados, no tienen acceso a los beneficios por los que están pagando, como el seguro social o los beneficios de desempleo.

Los impuestos federales y estatales que se deducen de los cheques de estos trabajadores van a parar a las arcas federales o estatales, sin importar si los números son verdaderos o falsos. Si un trabajador usa un número falso —es decir, si no hay coincidencia entre el nombre y el número de seguro social o si el número es ficticio—, los pagos del seguro social terminan en el "archivo de ganancias en suspenso" que maneja la Administración del Seguro Social. En el año 2005, el Seguro Social recibía alrededor de 7 billones de dólares anuales de números de seguro social ficticios; esta cantidad le permitió salir a flote, ya que se acercaba a la suma de la diferencia entre lo que había desembolsado para pagar beneficios y lo recibido por impuestos de nómina. De acuerdo con *The New York Times*, "los trabajadores inmigrantes ilegales en los Estados Unidos están proveyendo al sistema un subsidio 7 billones de dólares al año".[4] En el 2007, la Administración de Seguro Social estimó que alrededor de dos tercios de los inmigrantes indocumentados (unos 5.6 millones de personas) pagaban cerca de 12 billones de dólares anuales, lo cual para 2007 significaba entre 120 y 140 billones de dólares. Sin embargo, nunca van a poder recibir los beneficios del seguro social. [5]

Mito 5

Los inmigrantes son una carga
para la economía

Esta es una pregunta complicada que requiere definir lo que entendemos por "la economía". Por lo general, quienes alegan que los inmigrantes son una carga económica se refieren al mito de que consumen más en servicios públicos que lo que pagan en impuestos. En realidad, como la mayoría están en edad de máxima productividad laboral y son inelegibles para recibir muchos de los servicios públicos, tienden a contribuir con más dinero al sector público que lo que cuestan los servicios que utilizan. Sin embargo, muchos de los servicios que utilizan son locales (escuelas, transportes, bibliotecas) y como la nueva ola de inmigración coincide con los recortes federales a estos servicios, la situación representa un reto para los gobiernos locales. (Los nativos del país, debe aclararse, *también* suelen disfrutar más beneficios de los servicios locales que lo que pagan en impuestos a nivel local.)

Varios estudios a nivel estatal han tratado de determinar los impuestos estatales y federales que pagan los inmigrantes, documentados e indocumentados, en comparación con el costo de los servicios federales y estatales que reciben. Estudios preliminares en California y el sudoeste de Estados Unidos, y otros más recientes llevados a cabo en el sudeste (ahora mismo, el área con la tasa más alta de crecimiento de la población inmigrante) llegan a conclusiones similares. Demuestran que es más probable que un inmigrante documentado o indocumentado pague impuestos a que utilice los servicios de bienestar social. Los indocumentados no tienen acceso a la mayoría de los servicios públicos y viven con el temor de revelar su existencia a las autoridades. Los indocumentados son elegibles para recibir algunos servicios públicos, pero muchos también vacilan en solicitarlos porque temen que ser considerados como una carga al Estado les dificultaría quedarse a largo plazo, solicitar la ciudadanía o traer familiares. Un estudio de alcance nacional encontró que los hogares con un inmigrante indocumentado como jefe de familia utilizan menos de la mitad de los servicios federales que aprovechan los hogares con jefes de familia documentados o ciudadanos.[1]

Algunos servicios gubernamentales benefician tanto a los inmigrantes documentados como a los indocumentados: las escuelas públicas, los servicios médicos de urgencia, el sistema de seguridad pública (la policía, las prisiones). Estos son "servicios públicos obligatorios" (*mandated services*) que las autoridades federales requieren que los gobiernos estatales provean a todos, sin distinción de su estatus migratorio.

El único tipo de servicio público que los hogares de los inmigrantes utilizan con más frecuencia que los nativos son los programas de asistencia alimenticia, como los cupones de alimentos, WIC (programa de suplementos alimentarios para mujeres, bebés y niños), y los almuerzos escolares gratuitos o de precio reducido. Sin embargo, los inmigrantes no son elegibles para esos servicios y por consiguiente no los usan, sino sus hijos nacidos en los Estados Unidos, que son ciudadanos.[2]

El Instituto de Presupuesto y Política Pública de Georgia estima que los inmigrantes indocumentados en el estado pagan entre 1,800 y 2,400 dólares anuales en impuestos estatales y locales, incluyendo impuestos sobre las ventas (IVA), de propiedad y de contribución sobre ingresos (para aquellos que llenan los formularios W-2 con un número de Seguridad Social falso). Esto contribuye de 200 a 250 millones de dólares a los presupuestos estatales y locales.

El estudio pregunta: "¿Acaso los inmigrantes indocumentados pagan suficientes impuestos para cubrir los servicios que utilizan?":

La respuesta no es clara respecto a los inmigrantes indocumentados. Sin embargo, los estudios han mostrado que los inmigrantes legales de primera generación pagan más en impuestos federales que lo que reciben en beneficios federales. No sucede lo mismo con los impuestos y servicios estatales, ya que los inmigrantes de primera generación reciben más en servicios de lo que pagan en impuestos. Sin embargo, los descendientes de los inmigrantes de primera generación corrigieron el patrón y contribuyen más en impuestos a nivel estatal y federal de lo que consumen en servicios a ambos niveles. Cada generación sucesiva contribuye una porción mayor debido a la mejora en salarios, destrezas lingüísticas y educación.[3]

De manera similar, se encontró que los inmigrantes indocumentados en Colorado pagaban alrededor de 1,850 dólares en impuestos estatales y locales si trabajaban en nómina y 1,350 dólares (en impuestos de venta y propiedad) si trabajaban en el sector informal. Aproximadamente 250,000 inmigrantes indocumentados en ese estado pagaban de 150 a 200 millones de dólares anuales en impuestos estatales y locales, cubriendo alrededor del 70 al 85% de los 225 millones que costaron los servicios estatales y locales que usaron.[4]

Si los inmigrantes no se aprovechan mucho de los servicios sociales y si pagan impuestos, entonces ¿por qué sus impuestos no cubren todos o la mayoría de los servicios que sí usan? Principalmente porque ganan salarios tan bajos que sus pagos de impuestos son menores que los de las personas con salarios más altos. Tener un salario bajo implica que el gobierno retiene menos dinero para los impuestos, y también que la persona tiene menos dinero para gastar, así que paga menos en IVA y en propiedades que si tuviera un salario más alto. De hecho, nuestro sistema progresivo de impuestos está diseñado para requerir una porción mayor del ingreso de una persona que gana mucho dinero que de una persona que gana poco. Si los inmigrantes están pagando menos, es porque están ganando menos.

Un estudio realizado en Florida tuvo resultados similares: los nuevos inmigrantes suelen tener niveles más bajos de escolaridad e ingresos más bajos —y por esto pagan menos impuestos que el resto de la población. Cuando un inmigrante ha estado unos quince años en el país, tanto sus ingresos como sus impuestos se han nivelado con los de los otros. [5]

Desde la década de los 90, los economistas han comenzado a utilizar un modelo más sofisticado para evaluar los efectos de la inmigración en relación con los impuestos y los servicios públicos. En vez de considerar solamente el costo de educar a los hijos de los inmigrantes, por ejemplo, el nuevo modelo calcula también el valor de los impuestos netos que estos niños pagarán al incorporarse al mundo del trabajo. Este enfoque llamado "contabilidad generacional" se fundamenta en la idea de que cuando los gastos del gobierno exceden los ingresos contributivos —es decir, cuando el gobierno opera con un déficit, como en el caso actual—, las generaciones futuras tendrán que saldar la deuda. Así que la cantidad de nuevos inmigrantes en las generaciones futuras afectará la distribución de los costos de la deuda: mientras más inmigrantes haya, menor será la carga para la población nativa.[6]

Desde la perspectiva de las empresas, emplear inmigrantes y trabajadores en otros países provee ventajas especiales. De nuevo, una comparación con la institución de la esclavitud es ilustrativa. Los propietarios de esclavos preferían, por lo general, comprarlos jóvenes y fuertes en plenitud de su edad productiva. Descubrieron que resultaba más barato importar nuevos esclavos continuamente y hacerlos trabajar hasta morir de maltrato y agotamiento, que tener que pagar por la reproducción de la mano de obra esclava. Los esclavistas brasileños descubrieron que podían recuperar el costo de un esclavo en un período de dos años de trabajo. Cada año extra que el esclavo sobrevivía era visto como una ganancia pura. El promedio era de tres años; la ganancia podía utilizarse para comprar un nuevo esclavo.

Cuando la trata fue abolida (a principios del siglo XIX en los Estados Unidos, y mucho más tarde en Brasil y Cuba) los propietarios de esclavos tuvieron que cambiar sus estrategias. Para poder mantener una población esclava sin nuevas importaciones tendrían que fomentar la reproducción. Esto significó que tenían que invertir más en los esclavos que poseían. Tenían que sostener a los niños que eran muy jóvenes para trabajar, y a las mujeres o ancianos que los cuidaban. Tuvieron que mejorar el nivel de subsistencia para que los esclavos no murieran al cabo de cinco años.

La inmigración y el *outsourcing* responden a la misma lógica, desde la perspectiva de las empresas. El pacto social del New Deal de Roosevelt imponía a las empresas la responsabilidad de retribuir a sus trabajadores y a la sociedad y, a la vez, apoyar la reproducción de la fuerza laboral.

Los salarios, beneficios e impuestos constituían medios de contribuir al proceso de reproducción social.

Si los negocios pudieran encontrar una nueva fuente de trabajo que se reprodujera fuera de los Estados Unidos y libre de la imposición del contrato social del New Deal, podrían ahorrar dinero. Si un trabajador nacido y criado en México trabaja para una empresa estadounidense (sea en México o en los Estados Unidos) entre las edades de 20 y 40 años y luego regresa a su país natal, la familia, la comunidad y las instituciones mexicanas asumirían los gastos de reproducción. La empresa norteamericana obtiene exactamente lo que obtenía el propietario del esclavo: trabajadores en la plenitud de su edad productiva sin tener que invertir en la sociedad que los crió ni cuidar de ellos cuando envejezcan.

Desde luego, algunos inmigrantes con planes de trabajar durante un corto plazo para luego regresar a su comunidad terminan quedándose en los Estados Unidos. Con el paso del tiempo, pierden esas cualidades especiales del inmigrante que les hacían aceptar salarios bajos y malas condiciones laborales. En otras palabras, comienzan a parecerse a los ciudadanos: necesitan trabajar por salarios y en condiciones que sostengan su vida en este país. Las oportunidades de movilidad social ascendente de que disfrutaron los inmigrantes europeos hace un siglo ya no existen, pero los inmigrantes se vuelven más exigentes al buscar tipos de trabajo y al considerar las condiciones de trabajo; por supuesto, también comienzan a pagar más impuestos.

Cuando los trabajadores abandonan el sector secundario —bien porque regresan a sus comunidades, envejecen o echan raíces en los Estados Unidos— los patronos buscan ávidamente nuevos inmigrantes para reemplazarlos. Una excepción significativa al modelo de mejoramiento económico a través del tiempo es el caso de los inmigrantes indocumentados. En contraste con los "legales" (refugiados, residentes permanentes legales y ciudadanos naturalizados), cuyos ingresos aumentan significativamente en proporción con el tiempo que han pasado en los Estados Unidos, los indocumentados tienden a mantenerse en los márgenes de la economía. Incluso los que habían vivido en los Estados Unidos durante diez años o más en el 2003 tenían un ingreso familiar de sólo 29,900 dólares —comparado con la población nativa, cuyo ingreso era, como promedio, 45,900; los refugiados 45,200; los residentes permanentes legales 44,600 y los ciudadanos naturalizados 56,500.[7]

No debe sorprender, entonces, que el 39% de los niños de inmigrantes indocumentados viva por debajo del nivel de la pobreza y que el 53% no tenga seguro médico.[8] Los resultados de la Ley de Reforma y Control de Inmigración (IRCA) de 1986, que concedió amnistía a un número significativo de la población de indocumentados, pueden verse con claridad. Una vez que adquirieron el estatus legal, los inmigrantes pudieron mejorar sus niveles de educación e ingresos.[9] Obviamente, al mantener diferencias de estatus arbitrarias, privar a millones de personas de sus derechos legales y garantizar el flujo constante de inmigrantes, las políticas de los Estados Unidos garantizan la existencia de un sector de personas permanentemente marginalizadas.

Mito 6

Los inmigrantes envían remesas a sus países con todo lo que ganan en los Estados Unidos

Las remesas son un componente muy importante de la economía global. A menudo constituyen una parte mayor en el ingreso de los países pobres que lo que estos reciben en ayuda extranjera. (Las remesas son el dinero que los inmigrantes envían a su familia en su comunidad de origen). En el 2004, los inmigrantes latinoamericanos enviaron más de 30 billones de dólares a sus países respectivos; en el 2005, la cifra fue de más de 50 billones.[1]

El 73% o unos 12.6 millones de inmigrantes latinoamericanos enviaron remesas a sus respectivos países en el 2006. Para el 2008, esa cifra había caído al 50% ó 9.4 millones de inmigrantes que enviaban dinero. Durante ese período, el total de remesas se mantuvo relativamente estable en unos 46 billones de dólares, y volvió a aumentar ligeramente en el 2011. Aunque es sólo el 10% del salario promedio de un inmigrante, el dinero que se envía a la comunidad representa entre el 50% el 80% del ingreso familiar de Latinoamérica.[2] El 90% del salario de los inmigrantes se consume en los Estados Unidos. Desde luego, los ciudadanos también gastan parte de lo que ganan en el extranjero: directamente si viajan e indirectamente si compran productos importados.

Debido a la compleja naturaleza de la economía global, resulta muy difícil determinar con exactitud quién se beneficia de cada dólar utilizado. Por ejemplo, si usted compra una taza de café en Starbucks, está pagando por el alquiler del establecimiento, los salarios de los trabajadores, los salarios de los dependientes, de los empleados de limpieza, del gerente y el precio de los servicios (la electricidad, el agua, etc.) —incluyendo todo lo que se necesita para producirlos, que puede incluir a su vez la importación de carbón, petróleo o gas—, además de varios tipos de seguros, publicidad, el mobiliario, la música, las tazas, y la cantidad de gente envuelta en la producción, el procesamiento, el comercio y el transporte del café, sin mencionar a los accionistas en todas las empresas involucradas, así como a los ejecutivos y sus pagos por jubilación…

Tratar de calcular cómo se utilizan las remesas resulta igualmente complejo. Una porción importante, aunque decreciente, va a las instituciones que procesan la transacción financiera. En la década de los 90, el costo de mandar dinero a Latinoamérica casi llegaba al 20% de la cantidad enviada, aunque declinó a un poco menos del 10% después del año 2000.[3] Aun así, los bancos locales y las compañías de envío de fondos, que por supuesto contratan empleados, se cuentan entre los beneficiarios.

Una parte de las remesas va directamente a los miembros de la familia y se gasta en comida, servicios de salud, ropa, mejoras al hogar y la educación. Este tipo de gastos puede tener efectos tanto locales como globales, porque muchos de los productos y/o materiales utilizados en estas áreas son importados. Cuando el dinero se gasta localmente, puede contribuir también a mejorar la economía local.

De alguna manera, el dinero de las remesas es más eficiente que la ayuda extranjera en mejorar las vidas de las personas en la perspectiva de reducir la migración. La ayuda extranjera, a menudo, se ofrece con condiciones. A veces tiene que utilizarse en productos o maquinaria fabricados en el país que provee la ayuda; a veces en proyectos de "desarrollo" que terminan empeorando la vida de los pobres —las represas o minas que desplazan gente de sus hogares o el maíz subvencionado, que inunda los mercados y lleva a los agricultores pobres a la bancarrota.

Parte del dinero de las remesas se distribuye mediante los clubes de oriundos, que se ocupan de diferentes proyectos de desarrollo como construir escuelas, sistemas de abastecimiento y suministro de agua o instalaciones deportivas. El gobierno mexicano ha sido particularmente activo en la creación de programas con iniciativas para canalizar ese dinero hacia el desarrollo económico. En un acto que puede interpretarse como una perfecta ironía, el gobierno estatal de Guanajuato ha implementado un programa de consorcios con los clubes de oriundos para desarrollar maquiladoras de ropa y textiles en las comunidades originarias de los migrantes. Estas fábricas producen ropa para compañías extranjeras que, a su vez, exportan a los Estados Unidos. Para el 2000, se habían establecido seis y había planes de fundar otras sesenta.[4] Una investigación encontró que las compañías norteamericanas prefieren establecer sus fábricas en Guanajuato porque pueden pagar salarios más bajos que en otras localidades mexicanas debido a que una proporción muy grande de la población depende de lo que reciben en remesas.[5]

Las remesas también pueden tener otros efectos contradictorios. Varios estudios en El Salvador revelaron que una parte significativa se gasta en bienes de consumo importados. Las importaciones aumentaron de un billón de dólares en 1996 a dos billones en el 2006. Así que en lugar de crear trabajos, el sistema crea nuevos incentivos para migrar, ya que sólo las familias con migrantes que envían remesas pueden costear este tipo de consumo.[6]

Por consiguiente, las remesas constituyen un elemento de una economía global extremadamente entrelazada. Si consideramos sólo el flujo de remesas, se transfiere mucho dinero de los países ricos a los países pobres. Pero si consideramos la economía global como un sistema, las remesas constituyen una pieza pequeña en un rompecabezas dinámico, con movimiento complejo y multidireccional.

Segunda Parte
Los inmigrantes y la ley

La Declaración de Independencia de los Estados Unidos proclama que los seres humanos son dotados de "ciertos derechos inalienables", y que si algún gobierno les priva de estos, "el pueblo tiene el derecho a reformarlo o abolirlo". Henry David Thoreau advertía contra un "respeto excesivo a la ley" e instaba a sus lectores a confiar, en cambio, en su conciencia. Denunciaba a los "miles que se oponen a la esclavitud y a la guerra sin hacer nada concreto para ponerles fin". "Cuando una sexta parte de la población de una nación que ha tomado como cosa propia ser refugio de la libertad está esclavizada, y todo un país está injustamente subyugado y conquistado por un ejército extranjero y sujeto a la ley militar, no creo que sea demasiado pronto para que los honestos se rebelen y hagan una revolución", declaró en *La desobediencia civil*. (Thoreau se refería a la invasión estadounidense de México en 1846.)[1]

En su "Carta desde una cárcel en Birmingham", Martin Luther King Jr. también insistía en que las leyes se evaluaran desde el punto de vista de la conciencia y la moralidad. "Una ley es injusta", escribió, "si se le impone a una minoría que, como resultado de ser privada del derecho al voto, no participa en promulgarla o concebirla". King se refería a las leyes que imponían la segregación, concebidas por las asambleas legislativas de los estados del sur, que negaban el derecho al voto a los negros. Podría haberse estado refiriendo a las leyes discriminatorias contra los inmigrantes, también una minoría en un país que les niega el voto.

(Algunos han argumentado que todos los ciudadanos del mundo deben poder votar en las elecciones de los Estados Unidos debido al poder político, militar y económico que ejercen universalmente. "Todas las acciones del Presidente de los Estados Unidos afectan mi vida profundamente en términos políticos, económicos, sociales y culturales", escribió el periodista de la India, Satya Sagar, en 2004, en un artículo, no completamente sarcástico, en el que explicaba por qué las elecciones de los Estados Unidos debían ser abiertas para todos.)[2]

Mucho del sentimiento anti-inmigrante proviene de la idea de la inviolabilidad de la ley y la repulsión ante el crimen que estos cometen cuando violan la ley de inmigración. Esta sección examina la naturaleza arbitraria y discriminatoria de la ley de inmigración y propone que las categorías legales que crea han estado imbuidas de racismo y politiquería, más que de humanismo, justicia o la idea de que todas las personas son creadas iguales.

Mito 7
Las leyes deben ser respetadas por todos. Los nuevos inmigrantes tienen que respetarlas, como hicieron los del pasado

En el debate sobre la inmigración, uno de los comentarios más repetidos y desconcertantes es este: "Yo no estoy contra la inmigración, pero sí contra la inmigración ilegal. Los nuevos inmigrantes deben atenerse a las reglas, como lo hicieron nuestros padres y nuestros antepasados".

Esta opinión revela cómo se nos ha enseñado la historia de los Estados Unidos: se nos ha enseñado a pensar que somos un país de inmigrantes blancos voluntarios. La historia de la gente que no clasifica dentro de esta categoría se ve como incidental, en vez de central, en lo que se nos dice en la escuela. "Las reglas" para los europeos, sin embargo, fueron diferentes de las de los africanos, asiáticos y nativos americanos. Para ellos, "las reglas" significaron esclavitud, exclusión y conquista.

Lo que ignoran las personas que hablan de las reglas (que por lo general son de origen europeo) es que cuando sus padres y abuelos llegaron a los Estados Unidos, hicieron exactamente lo que hacen hoy los llamados inmigrantes "ilegales". Decidieron hacer el viaje y así lo hicieron. Todo lo que tenían que hacer era conseguir el dinero del boleto para el viaje en barco. Las reglas eran diferentes en aquel entonces. Las leyes norteamericanas limitaban explícitamente la ciudadanía y la naturalización a los blancos. A los no blancos se les negaba tanto el derecho de entrada como la ciudadanía. Mediante un complejo proceso de omisión y comisión, la ley declaraba puertas abiertas a la inmigración blanca e inmigración restringida para la gente de color. La ley de inmigración y naturalización creó lo que Aristide Zolberg ha llamado una "nación diseñada con premeditación".[1]

Entre 1880 y la Primera Guerra Mundial, cerca de 25 millones de europeos inmigraron a los Estados Unidos. No tenían visas o pasaportes. En Ellis Island, un número muy pequeño (cerca del 1%) fue forzado a regresar a sus países porque se les catalogó de criminales, prostitutas, enfermos, anarquistas o mendigos.[2] No había inmigrantes ilegales de Europa porque se carecía de una ley que considerara a los europeos inmigrantes de este tipo.

En 1921 y 1924 se impusieron restricciones numéricas a la inmigración europea blanca, creando una situación semejante, de alguna manera, a la actual; es decir, los inmigrantes potenciales tenían que competir en sus países de origen por un número reducido de visas para venir a los Estados Unidos. Sin embargo, las restricciones impuestas a los europeos no podían compararse con las sufridas por los no europeos a raíz de la legislación de 1924. Al catalogarlos como "extranjeros inelegibles para la ciudadanía" porque pertenecían a "las razas de color", se les excluía por completo. Aunque las cuotas de 1924 no funcionaban en el hemisferio occidental —el Congreso no podía decidir a qué "raza" pertenecían los mexicanos—, la legislación también inventó el concepto del "inmigrante ilegal" y creó la Patrulla Fronteriza para mantener a los mexicanos fuera. (Describo estas restricciones con más detalles en la sección sobre los inmigrantes y la raza que aparece más adelante.)

La reforma migratoria de 1965 eliminó finalmente el sistema de cuotas basadas en la raza y lo reemplazó por un sistema de cuotas uniformes para todos los países. Sin embargo, las nuevas leyes de 1965 fueron sólo uno de los factores que condujeron al gran aumento en la inmigración de América Latina y Asia.

Un factor todavía más importante ha sido la aceleración de lo que hoy llamamos la "globalización". La globalización del presente se construyó sobre la base de estructuras desarrolladas durante siglos de colonialismo. Un aspecto de la globalización durante la segunda mitad del siglo XX ha sido el desplazamiento de grandes números de personas de las ex colonias a las tierras de sus antiguos amos coloniales. Para poder entender este fenómeno global, es necesario examinar el legado socioeconómico y cultural del colonialismo.

A grandes rasgos, el colonialismo europeo que dio forma al mundo moderno puede describirse como la conquista de gente de color por los blancos, la explotación y transferencia masiva de recursos naturales de las colonias a los poderes coloniales, y el desalojo y la expropiación de los habitantes originales de las colonias para el uso de sus antiguas tierras en la economía de exportación. Esta época comenzó con la expansión colonial de España y Portugal en el siglo XV, seguida por la expansión del norte de Europa entre los siglos XVII y XVIII. Ya para fines del XIX los países europeos se habían repartido la mayor parte de África y Asia, mientras los Estados Unidos estaban extendiendo su esfera de dominio directo e indirecto a las naciones latinoamericanas recientemente independizadas.

Los nativos de estas tierras antes autosuficientes, se convirtieron convenientemente en mano de obra barata o coaccionada para la explotación de recursos (tierra, minerales). Las potencias coloniales recibieron la materia prima y los productos agrícolas que les permitieron industrializarse; las colonias fueron dejadas con tierras empobrecidas y estructuras políticas conducentes a la tiranía y la explotación. Si las masas desposeídas se rebelaban, los ejércitos coloniales se movilizaban rápidamente para reprimirlas.

Veamos el ejemplo de la República Dominicana. Este país fue colonizado primero por España y luego por los Estados Unidos, que invadieron y ocuparon la media isla desde 1916 hasta 1924, y nuevamente en 1965. La primera ocupación trajo consigo expropiaciones masivas y la transferencia de tierras dominicanas a manos de plantaciones azucareras estadounidenses; la segunda instauró una versión moderna del colonialismo —a veces llamada neocolonialismo—, según la cual los gobiernos de los países pobres son obligados a imponer salarios e impuestos bajos y pocas regulaciones para beneficio de las corporaciones estadounidenses. (La proliferación de zonas francas de exportación y manufactura explica por qué tantas etiquetas de nuestra ropa dicen "Made in the Dominican Republic".)

Los Estados Unidos tienen el nivel de vida más alto del mundo y lo mantienen al emplear sus leyes y fuerzas armadas para imponer la extracción de recursos y el trabajo de sus neocolonias con una compensación mínima de su población. No debe sorprendernos si los habitantes de estos países quieren seguirle la pista a sus recursos hasta el lugar donde se disfrutan.

La mayoría de los actuales inmigrantes provienen de países donde los Estados Unidos han tenido una fuerte presencia durante los últimos cien años: además de la República Dominicana, proceden de países como México, las Filipinas, El Salvador, Guatemala, Vietnam, y Camboya. Debido a las cuotas numéricas y al sistema de preferencia de familiares, para muchos de los inmigrantes potenciales del Tercer Mundo —es decir, de las antiguas colonias, gente de color—, las oportunidades de conseguir un permiso para venir a los Estados Unidos son nulas. Hasta los miembros de familia inmediata, que tienen prioridad, tienen que esperar a veces hasta veinte años. Para quienes no tienen familiares ciudadanos o residentes permanentes, la ley actual no es muy diferente de la de 1924: están permanentemente excluidos.

Por lo tanto, la ley es intrínsecamente discriminatoria. Beneficia a quienes tengan familiares cercanos con ciudadanía o residencia permanente en los Estados Unidos. Para la mayoría de la gente que quiere venir a los Estados Unidos, la ley simplemente lo prohíbe.

Cuando la ley les prohíbía a los negros sentarse en un mostrador de una cafetería reservado a los blancos, los negros protestaron contra la ley rompiéndola —es decir, al sentarse donde se les decía que no podían. En muchas ocasiones, la gente ha luchado por la igualdad ante la ley con actos de desobediencia civil y entrado a instituciones, vecindarios, ciudades, estados o países que prohibían su presencia. Actualmente, consideramos héroes a muchos de los que quebrantaron la ley en su lucha por la igualdad de derechos.

Mito 8

El país está siendo invadido por inmigrantes ilegales

De acuerdo con la Alta Comisión de las Naciones Unidas para los Derechos Humanos, "la expresión 'inmigrante ilegal' no debería utilizarse. Contradice y viola directamente el espíritu de la Declaración Universal de Derechos Humanos, que en su Artículo 6 establece claramente: 'todo ser humano tiene derecho, en todas partes, al reconocimiento de su personalidad jurídica'. El término preferible es 'migrante indocumentado'".[1] Algunos estudiosos de la inmigración prefieren emplear la frase "migrante desautorizado" porque muchas de las personas incluidas en esta categoría de hecho poseen documentos aunque no sean "válidos" —pueden ser falsos, expirados, o que simplemente no autorizan su presencia en los Estados Unidos.[2]

La diferencia entre inmigrantes "legales" y desautorizados, indocumentados o "ilegales" no resulta tan clara como pudiera imaginarse. Algunas personas que entran al país legalmente se convertirán en ilegales si se quedan después de vencérseles la visa; otras que han entrado de modo ilegal o se han convertido en ilegales pueden estar en el proceso de legalizar su estatus, sobre todo si tienen un familiar cercano que los pueda patrocinar. Muchas familias y unidades familiares incluyen personas con diferentes estatus inmigratorios: ciudadanos por nacimiento, ciudadanos por naturalización, residentes permanentes legales, gente con visa de inmigrante e inmigrantes indocumentados.

Un estudio del Pew Hispanic Center, basado en hallazgos de la *American Community Survey* del 2009, encontró que en el país había 38.5 millones de personas nacidas en el exterior, casi 8 millones más que nueve años antes. De estas, 16.8 millones eran ciudadanos naturalizados, casi 5 millones más que en el 2000. Alrededor de 11.9 millones eran migrantes desautorizados, una categoría que creció rápidamente entre 1990 y 2006. El resto eran residentes permanentes legales, refugiados o residentes legales temporales con visas de no inmigrantes, como las de turistas o estudiantes. De los migrantes desautorizados, el 59% (alrededor de 7 millones en el 2009) venían de México; otro 22% de otros lugares de Latinoamérica; el resto, de Asia y, en menor medida, de Europa, Canadá y África.[3]

Es difícil obtener información precisa y rigurosa sobre estos migrantes desautorizados. Sin embargo, el estudio del Pew Hispanic Center sostiene que la mayoría de los mexicanos entraron "sin inspección" —es decir, cruzaron la frontera sin documentos válidos—, mientras la mayoría de los procedentes de fuera de las Américas lo hicieron con visas válidas, pero se quedaron cuando se les vencieron. Para el resto de Latinoamérica, los inmigrantes suelen dividirse en dos categorías: algunos cruzaron la frontera sin documentos; otros se quedaron después del vencimiento de sus visas.[4] La Fundación de Asistencia Legal Rural de California calcula que la mitad de los migrantes desautorizados son EWIs (*Entered Without Inspection* o Entraron sin Inspección); es decir, personas que cruzaron la frontera sin pasar por el puesto de control. La otra mitad se quedó después de expiradas sus visas. Se trata de personas que entraron con una visa válida, pero no salieron del país cuando se venció.[5]

Además, entre 1 y 1.5 millones de los migrantes no autorizados tienen una clasificación "cuasi legal" en los Estados Unidos. Estos pueden haber solicitado asilo o comenzado el proceso de adquirir la residencia permanente o haber calificado para una nueva categoría de presencia autorizada, como el estatus de protección temporal (*TPS o Temporary Protected Status*) concedido a salvadoreños y nicaragüenses.[6]

El estereotipo del "inmigrante ilegal" de muchos norteamericanos es el de un hombre soltero que llega para trabajar temporalmente. Es cierto que algunos de los migrantes no autorizados pertenecen a esta categoría. En marzo de 2009, de los aproximadamente 11.9 millones de migrantes desautorizados, unos 6.3 millones eran hombres, 4.1 mujeres y 1.5 niños menores de 18 años. El 67% de los adultos, el 83% de las mujeres y el 53% de los hombres vivían con esposos o parejas, lo cual significaba que menos de la mitad de los hombres y sólo el 17% de las mujeres eran solteros. El resto vivía con familias con distintos estatus inmigratorios. En particular, estas familias incluían a 4 millones de niños nacidos en los Estados Unidos que eran por consiguiente ciudadanos.[7]

En términos generales, los migrantes no autorizados suelen tener niveles inferiores de educación y trabajar en empleos con sueldos más bajos que los autorizados o los ciudadanos. Están particular y ampliamente sobrerrepresentados en el sector de la agricultura y el de la construcción, dos de los menos reglamentados del mercado laboral.[8] El 30% de los trabajadores desautorizados laboraban en industrias de los servicios, el 21% en la construcción y el 15% en producción e instalación; esto es, el 66% de los migrantes desautorizados trabajaban en estas áreas, generalmente de bajos salarios, comparados con sólo el 31% de trabajadores nacidos en los Estados Unidos.[9]

En el trabajo industrial, los trabajadores no autorizados tienen una presencia particularmente grande en la producción de alimentos y en la de textiles y ropa. Estas dos industrias ofrecen buenos ejemplos de la manera como la restructuración de la economía global ha afectado el mercado laboral norteamericano.

La industria textil y la manufactura de ropa fueron dos de las primeras en experimentar con la movilidad del capital. La industria textil de los Estados Unidos comenzó en Nueva Inglaterra a mediados del siglo XIX. Antes de concluir el siglo, los magnates textiles estaban buscando maneras de invertir en lugares donde pudieran producir más económicamente. Carolina del Sur, Alabama, Georgia y otros estados sureños ofrecían impuestos bajos, mano de obra barata, represión oficial de los sindicatos y subsidios para atraer capital.

Desde principios del siglo XX, los dueños de fábricas en el norte de los Estados Unidos apelaron a la siguiente doble estrategia: primero invirtieron en el sur aprovechando los incentivos que les ofrecían las comunidades sureñas; luego informaron a sus trabajadores en el norte que su empresa estaba siendo socavada por la competencia del sur, y que tendrían que reducir los salarios y aumentar el ritmo de trabajo para mantenerse competitivos. A menudo, manejaban las fábricas del norte sin invertir en ellas hasta desgastar toda su maquinaria para luego cerrarlas permanentemente.

Durante la segunda mitad del siglo, la estrategia se trasladó a la escena global. La industria manufacturera abrió plantas en Puerto Rico, México y otros países latinoamericanos y asiáticos. Impuso recortes de gastos en sus fábricas en los Estados Unidos, alegando que tenía que hacerlo debido a la competencia "extranjera". Cuando terminaron de modificar las condiciones de trabajo en las fábricas norteamericanas para hacerlas competitivas respecto a las del Tercer Mundo, comenzaron a importar trabajadores de Latinoamérica con el argumento de que los estadounidenses no querían esos empleos. Los centros textiles más antiguos de los Estados Unidos en Nueva Inglaterra —como Lowell en Massachusetts y Central Falls en Rhode Island— se convirtieron en nuevos centros de inmigración en las décadas de los 60, 70 y 80, cuando los patronos de las fábricas de manufactura textil reclutaron trabajadores en Puerto Rico y Colombia.[10]

La industria del procesamiento de carne siguió una trayectoria algo diferente. Mientras la de textiles pudo usar la amenaza de relocalizar las fábricas para socavar la movilización y organización obrera y mantener los sindicatos vulnerables, la del procesamiento de carne se convirtió en uno de los bastiones de la sindicalización industrial en la década de los 30, lo cual resultó en un dramático mejoramiento de las condiciones de vida de los trabajadores. "De 1930 a 1970", explica Lance Compa, "mejoraron los salarios y condiciones de trabajo de los empleados de la industria empacadora de carne. Los contratos colectivos unificados, también conocidos como pliegos únicos en la industria, elevaron los salarios y los estándares de seguridad. En las décadas de los 60 y 70, los salarios y las condiciones de vida de los empleados de la industria empacadora de carne eran semejantes a los de otros trabajadores industriales, como los de la automotriz y la siderúrgica, quienes trabajaron tenazmente en sus fábricas y a través de sus sindicatos para obtener empleos estables con buenos salarios y beneficios. Los salarios de los empleados de la industria empacadora de carne se mantuvieron considerablemente más altos que el salario promedio del sector manufacturero".[11]

Durante la década de los 80, la industria empacadora de carne comenzó una campaña destinada a socavar las condiciones de trabajo de sus empleados sindicalizados. La respuesta de los patronos a la huelga en la planta Hormel en Austin, Minnesota, indica el empeño de eliminar los sindicatos de sus plantas. La huelga duró alrededor de año y medio y recibió la atención nacional de activistas laborales interesados en poner fin a un patrón de negociaciones que terminaban en concesiones por parte del sindicato. En la huelga de Hormel, la cautelosa unión nacional (UFCW) se opuso a la militancia de la sección sindical local; finalmente fue aplastada. Ese fue el inicio del desmantelamiento del sector sindicalizado de la industria procesadora de carne.

Como la carne es perecedera, resulta más difícil de transportar que muchos otros renglones que transfirieron su producción al extranjero en la década de los 80. En cambio, la industria procesadora de carne repitió lo que había hecho la agrícola desde el siglo XIX: comenzó a "traer el Tercer Mundo" a los Estados Unidos. Como explica Compa, "en lugar de exportar la producción a países en vías de desarrollo con salarios bajos, escasa implementación de regulaciones ambientales y de salud y seguridad, y trabajadores vulnerables y explotados, la industria cárnica y avícola están, simplemente, reproduciendo aquí las condiciones de empleo de los países en vías de desarrollo".[12]

Mito 9

Los Estados Unidos tienen una política de refugiados muy generosa

A partir de la Segunda Guerra Mundial, las leyes de los Estados Unidos han estipulado que algunos inmigrantes potenciales pueden gozar de derechos especiales al ser clasificados como refugiados. A pesar de la creencia popular (repetida en el examen de ciudadanía) de que "los peregrinos vinieron a América para conseguir la libertad religiosa" y de la inscripción en la Estatua de la Libertad dando la bienvenida a "tus cansados, tus pobres, tus masas hacinadas añorando respirar el aire de la libertad", antes de la Segunda Guerra Mundial los Estados Unidos no tenían ninguna provisión para los refugiados en sus leyes inmigratorias.[1] Aunque desde entonces la admisión de refugiados se ha presentado al público como una política humanitaria, su naturaleza ha sido más política que otra cosa. La gran mayoría de los tres millones de refugiados admitidos desde 1945 han venido de sólo tres países: Cuba, Vietnam y la antigua Unión Soviética.[2] Para los Estados Unidos, "refugiado" ha significado, por lo general, "refugiado del comunismo". Desde 1965 hasta 1980, esta definición estaba inscrita en la ley.

Durante la década de los 30, el presidente Roosevelt se aferró decisivamente al sistema de cuotas para negar la entrada a quienes huían de la Alemania de Hitler.[3] Al finalizar la guerra, los aliados no sabían qué hacer con cerca de un millón de personas desplazadas en las zonas ocupadas. Finalmente, los Estados Unidos promulgaron el Acta de Personas Desplazadas (DPA), que permitió la entrada de 205,000 refugiados entre 1948 y 1950. Los refugiados se descontarían de las cuotas de años futuros, en vez de tener que esperar a que se abrieran espacios en las cuotas.

Las estipulaciones del Acta de Personas Desplazadas de 1948 también limitaban la capacidad de los refugiados judíos para aprovecharse de la ley, aunque la renovación de 1950, que permitió la entrada a otras 200,000 personas desplazadas, esta vez sobrepasando el sistema de cuotas, posibilitó el ingreso de cerca de 80,000 refugiados judíos. Bajo esta ley, el estatus de "refugiado" también se extendió a por lo menos varios miles de colaboradores nazis.[4] "Sólo una minoría de los admitidos (...) fueron víctimas de Hitler", concluyó un análisis. "Un gran número eran miembros de grupos que habían apoyado al Tercer Reich o se habían beneficiado de él... [En resumen,] más del 70% eran refugiados de la Unión Soviética y Europa oriental".[5]

Después de la Revolución Cubana de 1959, la oficina del Fiscal General invocó su capacidad de admitir provisionalmente en los Estados Unidos a miles de cubanos que habían abandonado la isla. La Ley de Ajuste Cubano de 1966 creó una situación legal particular: todo cubano que hubiera permanecido en los Estados Unidos durante un año podía recibir automáticamente el estatus de residente permanente. Además de la Ley de Ajuste Cubano, varios programas de ayuda federal facilitaron que los cubanos se establecieran en el país.

En cambio, los refugiados de la vecina Haití fueron recibidos de manera muy diferente. Durante la década de los 70, miles de personas escaparon de la represiva dictadura de Jean-Claude Duvalier y buscaron asilo en los Estados Unidos. Muchos llegaron en pequeñas balsas y embarcaciones de construcción casera. Hacia mediados de 1978, se habían acumulado de 6,000 a 7,000 casos en la oficina de Miami del Servicio de Inmigración y Naturalización de los Estados Unidos (INS) mientras la oficina decidía cómo responder. Después de todo, si Duvalier era un aliado de los Estados Unidos, ¿no sería contradictorio admitir que su gobierno estaba creando refugiados políticos?

En julio de ese año, la división de inteligencia del INS propuso como norma general que los haitianos debían considerarse refugiados "económicos", no políticos. Para desalentar futuras inmigraciones, el INS recomendó detenerlos inmediatamente al entrar a los Estados Unidos, negarles permisos de trabajo, procesarlos y expulsarlos tan rápido como fuera posible. Bajo el nuevo "Programa de Haití", oficiales sin entrenamiento llevaron a cabo cuarenta entrevistas de asilo diarias, en rápida sucesión. Se procesaron más de 4,000 solicitudes bajo este programa; todas, sin excepción, fueron denegadas.[6]

No fue sino hasta la implementación de la Ley de Refugiados de 1980 cuando los Estados Unidos crearon, finalmente, una política que se ajustaba a los patrones establecidos por las Naciones Unidas para tratar de manera equitativa a las víctimas de persecución política. Aunque habían firmado la Convención de las Naciones Unidas sobre los Refugiados en 1951 y el Protocolo de 1967 que definía el concepto de tales, su política no reflejaba esas normas. Era un vestigio de la Guerra Fría, y se aplicaba sólo a los refugiados de los países comunistas.

No tomó mucho tiempo para que la Ley de Refugiados de 1980 fuera puesta a prueba. El flujo de refugiados haitianos continuó, y apenas semanas después de que el presidente Carter firmara la ley, miles de cubanos comenzaron a llegar a las costas del sur de la Florida. Luego de que un numeroso grupo ocupara la Embajada del Perú en La Habana exigiendo emigrar a los Estados Unidos, Fidel Castro revocó una política de larga tradición que restringía la emigración por mar y anunció que quienes quisieran marcharse de la Isla podían hacerlo. Entre abril y septiembre de 1980, unos 125,000 cubanos abandonaron el país. La mayoría salieron por el puerto del Mariel, en lo que se conoció como el Éxodo de Mariel.

Los inmigrantes de esta oleada fueron aceptados universalmente como refugiados "políticos" mientras se les negaba ese estatus a los haitianos que huían de la violencia de la dictadura duvalierista; el gobierno sostenía que dejaban el país debido a la devastación económica. "Las fotografías de refugiados negros descamisados y hacinados en precarias embarcaciones evocaban imágenes sumergidas en el subconsciente colectivo de los americanos. Como los barcos negreros del pasado, que transportaban a los esclavos, estas embarcaciones también traían una carga de trabajadores negros, sólo que esta vez venían por su propia iniciativa, y esta vez nadie los quería. Todavía más patéticos eran los cuerpos negros que llegaban a las orillas de las playas de la Florida cuando sus embarcaciones no sobrevivían el viaje".[7]

En septiembre de 1981, el presidente Reagan anunció que los inmigrantes haitianos constituían un "serio problema nacional perjudicial a los intereses de los Estados Unidos". Negoció un acuerdo con la dictadura de Duvalier: a los guardacostas se le permitía bloquear la inmigración al patrullar las aguas territoriales de Haití y enviar las embarcaciones de regreso antes de arribar a territorio estadounidense.[8] No existía un acuerdo similar en ninguna otra parte del mundo.[9] Hacia fines de 1990, 23,000 haitianos habían sido detenidos en el mar con la nueva política; sólo a ocho se les había otorgado asilo.[10]

En un caso particularmente flagrante, en julio de 1991 una embarcación repleta de haitianos rescató a unos cubanos que habían naufragado en alta mar en su viaje hacia los Estados Unidos. Cuando los guardacostas los interceptaron, el barco haitiano fue devuelto a Haití con sus pasajeros. A los cubanos, sin embargo, los trajeron a la Florida.[11]

En el fondo del contraste en la política entre el recibimiento cálido que se les otorgaba a los cubanos y el frío recibimiento a los haitianos había un salto lógico raras veces subrayado. La política de los Estados Unidos se fundamentaba en la premisa de que las dificultades económicas de los países comunistas constituían un resultado de las políticas gubernamentales y eran por lo tanto "políticas". Por consiguiente, los cubanos salidos de la Isla a principios de la década de los 60 habiendo perdido sus propiedades y su estilo de vida, o los que dejaron el país en la década de los 80, cansados de las dificultades económicas que tenían que enfrentar, eran refugiados políticos: estaban huyendo de las políticas del gobierno comunista de Cuba.

Sin embargo, en un país capitalista como Haití, la política de los Estados Unidos se sustentaba en la idea de que la pobreza era simplemente un problema económico, no político. Hasta las víctimas evidentes de persecución política —como Solivece Romet, quien describió su tortura a manos de los *Tontons Macoutes* y mostró a los agentes del INS sus cicatrices— fueron catalogados como refugiados económicos y no políticos.[12] A quienes cometieron el error de admitir a los agentes del INS que planeaban trabajar si eran admitidos en los Estados Unidos, se les catalogó de inmigrantes "económicos" y se les negó la entrada.

Estos hechos se repitieron en el verano de 1994, cuando una creciente crisis económica en Cuba que incluyó apagones masivos, provocó otro éxodo; la crisis coincidió con un aumento de la represión del gobierno militar que había derrocado el gobierno al presidente Jean-Bertrand Aristide en Haití. El golpe de Estado de 1991 había provocado otra enorme ola de refugiados durante los últimos meses del año. Cientos de personas murieron en embarcaciones precarias. En noviembre, en medio de crecientes protestas protagonizadas por el Congreso y varios grupos de derechos humanos, un juez federal ordenó a la administración Bush interrumpir su vieja política de repatriar a los haitianos.[13]

Sin embargo, Bush prohibió a los refugiados entrar a los Estados Unidos. En su lugar, a los barcos interceptados en alta mar los llevaban a la base naval de Guantánamo, Cuba. "Los reportajes en la prensa de los Estados Unidos continuaban presentando a Guantánamo como un oasis para los refugiados. Los haitianos, incluyendo la prensa y la radio, solían referirse a la base como un 'campo de concentración', una 'prisión' y, en el mejor de los casos, como un 'centro de detención'".[14]

La justificación para detener y repatriar a los haitianos a Guantánamo, en lugar de permitirles buscar asilo en Estados Unidos, fue muy curiosa, pero se convertiría en un argumento familiar. "El gobierno de los Estados Unidos reconocía que a los haitianos que buscaban asilo en los Estados Unidos se les trataba de manera diferente que a otros grupos nacionales, pero lo justificaba con el argumento de que la Constitución y otras fuentes legales norteamericanas e internacionales no eran válidas en Guantánamo".[15] La Ley de Refugiados de 1980 y la ley internacional fueron convenientemente soslayadas, algo que indignó al Alto Comisionado de Refugiados de las Naciones Unidas.[16]

En mayo de 1992, con la base de Guantánamo repleta de refugiados, Bush regresó al viejo "Programa de Haití": los haitianos capturados en alta mar serían devueltos de nuevo. Como expresó Paul Farmer, antropólogo, médico y fundador de Partners in Health: "Haití parecía cada vez más un edificio en llamas sin salidas de escape".[17]

Cuando el presidente Bill Clinton tomó el poder en enero de 1993, revocó la política de Bush de regresar a los haitianos y abrió nuevamente el campamento de Guantánamo. Con lo que no contaba fue con la llegada de una multitud de balseros cubanos en el verano de 1994.

El 18 de agosto de 1994, con 21,000 haitianos en el improvisado campamento, el presidente Clinton hizo algo sin precedentes: anunció que a los cubanos recogidos en alta mar, en vez de ser admitidos en los Estados Unidos, los enviarían a Guantánamo junto a los haitianos. "De un golpe, Clinton convirtió a los cubanos en el equivalente legal de los haitianos", señaló con asombro *The Washington Post*.[18] A fines de 1994, unos 50,000 refugiados estaban detenidos en la base a un costo de entre 500,000 y un millón de dólares diarios.[19]

Aunque el trato era en apariencia idéntico, en realidad no lo era. En septiembre de 1994, tropas estadounidenses ocuparon Haití, y en noviembre comenzaron las repatriaciones masivas de haitianos, a pesar de las enérgicas protestas de inmigrantes y organizaciones de derechos humanos. Mientras tanto, en octubre comenzaron las evacuaciones humanitarias de los cubanos del campamento a los Estados Unidos. A fines de 1994, el 75% de los haitianos habían sido regresados "voluntariamente" a Haití; en enero de 1995, los que habían rehusado fueron repatriados por la fuerza.[20]

En mayo de 1995, la administración Clinton abrió las puertas a los 20,000 cubanos que todavía permanecían en el campamento. Sólo quedaban varios centenares de haitianos, la mayoría menores sin acompañantes, con parientes o patrocinadores en los Estados Unidos abogando porque se les permitiera entrar. Justo cuando se abrieron las puertas de Guantánamo para la salida de los cubanos, comenzó la repatriación de los niños haitianos. "Muchos de los niños enviados de regreso a Haití han sido dejados a su propia suerte en condiciones miserables y peligrosas. Algunos son indigentes y viven en las calles".[21]

Los acuerdos de 1995 que permitieron la entrada a los cubanos condujeron al primer leve desvío de la Ley de Ajuste Cubano. Clinton accedió a trabajar con Castro para poner freno a la situación. La nueva política de "pies mojados, pies secos", anunciada en mayo de 1995, le permitía a todo cubano que llegara a nuestras costas continuar recibiendo el trato preferencial de la Ley de 1966. Sin embargo, los recogidos en alta mar serían devueltos a Cuba. Los Estados Unidos también accedían a implementar la concesión sistemática de visas de inmigrantes a través de la Sección de Intereses de los Estados Unidos en La Habana, que opera bajo los auspicios de la embajada Suiza, para disuadir a los cubanos de lanzarse a la peligrosa ruta marítima con el propósito de emigrar.

El caso de los refugiados centroamericanos durante la década de los 80 fue politizado de manera similar.[22] Luego del triunfo sandinista en Nicaragua en 1979, los gobiernos derechistas de El Salvador y Guatemala reforzaron sus campañas contra las guerrillas izquierdistas y sus simpatizantes dentro de la población civil. En El Salvador, los rebeldes del Frente Farabundo Martí para la Liberación Nacional (FMLN) tomaron el control de importantes zonas del territorio. Los ataques militares contra los civiles en las áreas controladas por los rebeldes, además de la represión de los escuadrones de la muerte controlados por el ejército y la derecha contra activistas indefensos de grupos religiosos, organizaciones de justicia social y grupos de derechos humanos, provocaron un éxodo masivo.

En Guatemala, los grupos guerrilleros más pequeños operaban principalmente en zonas aisladas, pero la reacción del gobierno y de los grupos armados derechistas fue todavía más sanguinaria. Cientos de aldeas indígenas fueron destruidas en una política de tierra arrasada, descrita como un verdadero genocidio. Millones fueron desplazados internamente, y otro millón abandonó el país huyendo de la violencia. A lo largo de la década de los 80, el número de salvadoreños y guatemaltecos que buscó refugio en los Estados Unidos alcanzó un millón.

Como los Estados Unidos se oponían al gobierno revolucionario de Nicaragua, a la vez que apoyaban a los regímenes derechistas en El Salvador y Guatemala, su respuesta a los refugiados de estos tres países resultó muy diferente. Entre 1984 y 1990, 45,000 salvadoreños, 48,000 nicaragüenses y 9,500 guatemaltecos solicitaron asilo; el 26% de las solicitudes de los nicaragüenses fueron aceptadas, en contraste con sólo el 2.6% de salvadoreños y el 1.8% de guatemaltecos.[23] (Mientras tanto, las solicitudes de asilo provenientes de otros países que los Estados Unidos consideraban enemigos se aprobaron en mayor número: las tasas para los sirios fueron del 73%, y para los ciudadanos de la República Popular China, el 52%).[24] Miles de refugiados fueron detenidos en la frontera y regresados a México sin siquiera tener la oportunidad de solicitar asilo.

La situación en Centroamérica generó un importante movimiento de solidaridad en los Estados Unidos. Los activistas luchaban por eliminar el apoyo militar norteamericano a los contras en Nicaragua y a los gobiernos de El Salvador y Guatemala. Trabajaban con instituciones religiosas, grupos de derechos humanos y organizaciones de justicia social en Centroamérica. Miles de estadounidenses viajaron a Centroamérica para testimoniar la situación y apoyar los movimientos de cambio social. También crearon el Movimiento de Santuario dentro de los Estados Unidos para proveer refugio y ayuda a las miles de personas que llegaron huyendo de la violencia.

En 1985, un grupo de más de ochenta organizaciones religiosas y de refugiados presentó una demanda contra el Gobierno Federal por la aplicación injusta de las leyes sobre los refugiados al denegar asilo a guatemaltecos y salvadoreños. Debido al prominente papel que desempeñó la Iglesia Bautista Americana al presentar la demanda, se le conoció como la demanda ABC (*American Baptist Church*). El fallo a favor de los refugiados, en diciembre de 1990, puso fin a todas las deportaciones y concedió un estatus legal temporal a salvadoreños y guatemaltecos, a la vez que les permitía entregar nuevas solicitudes para el asilo político.[25]

A pesar de la decisión del ABC contra el INS, y de otro dictamen de 1990 que falló en su contra por "incurrir en un patrón y práctica de presionar y/o intimidar a salvadoreños" con el fin de disuadirlos de solicitar asilo, las reformas de la ley migratoria de 1996 impusieron nuevos obstáculos a los solicitantes de asilo. A los que ya vivían en los Estados Unidos se les fijó un límite: si permanecían en el país durante un año sin presentar una solicitud, perdían la oportunidad de hacerlo en el futuro. Para los que llegaban a la frontera, el INS tenía dos alternativas: o se les negaba el asilo sumariamente a través del agente de inmigración que encontraban allí, o se les mantenía en un centro de detención mientras se investigaba su caso.[26]

Esto, con la excepción de los cubanos. Aun con las modificaciones de 1995, se mantuvo la Ley de Ajuste Cubano. Hasta el día de hoy, no se les detiene y no se les hace probar que tienen un temor bien justificado a que se les persiga. Al igual que la mayoría de los inmigrantes de antes de 1921, sólo tienen que llegar aquí y decir que quieren ser aceptados.

Tercera Parte
La inmigración y la raza

La mayoría de los estadounidenses desconocen hasta qué punto las distinciones y exclusiones raciales están enraizadas en la historia de los Estados Unidos. A pesar de que el territorio que hoy conocemos como los Estados Unidos ha sido diverso racialmente desde la llegada de los primeros europeos, la entidad política del *país* estaba restringida a personas de Europa. Aún hoy, fuentes que incluyen desde libros de texto hasta la cultura popular promueven la idea de que la esencia real del país es blanca. La noción generalizada de que "este es un país de inmigrantes" así lo reafirma. Los "inmigrantes" a los que se refiere son europeos. Se necesitaría un salto de la imaginación para incluir a los nativos americanos o a los esclavos africanos en la categoría de "inmigrantes". Evidentemente, la política de inmigración y naturalización de los Estados Unidos formaba parte de una estructura política nacional y de un concepto de identidad que buscaba crear y mantener un país blanco. El legado de esta historia todavía está muy presente.

Mito 10

Los Estados Unidos son un crisol de culturas que siempre han recibido con los brazos abiertos a inmigrantes de todas partes

En casi todo el mundo, los conceptos de raza y nación están relacionados muy estrechamente. Durante el siglo XIX, cuando se conformaron los primeros Estados nacionales en Europa, ambos términos se empleaban de manera intercambiable. Se decía, por ejemplo, "la raza francesa" o "la raza alemana". Se suponía que las fronteras y los gobiernos reflejaban naciones unificadas por factores históricos, lingüísticos y culturales fundamentados en lazos de sangre.

Incluso en Europa estas ideas resultaban muy problemáticas. Como durante muchos siglos fue poblada por olas de inmigración y conquista del Mediterráneo y Asia central, allí no existió nunca una población verdaderamente homogénea. España surgió como una entidad en apariencia coherente en el siglo XV, después de haber expulsado a los musulmanes y a los judíos y declarado como lengua oficial uno de los muchos dialectos de la península. Todavía hoy ciertos movimientos étnicos nacionalistas, como los del País Vasco y Cataluña, en el noroeste y noreste de la península, respectivamente, cuestionan la hegemonía de la lengua española y del gobierno español. La mayor parte de los conflictos europeos del siglo XX surgieron como resultado de grupos que trataron de imponer algún tipo de pureza racial, étnica o cultural, o intentaron definir con exactitud los límites fronterizos entre una nación y otra.

La mayoría de las historias de los Estados Unidos caracterizan la identidad nacional de este país de manera muy diferente, como un crisol cultural compuesto por inmigrantes étnicamente diversos. El examen de ciudadanía revela lo que piensa la mayoría sobre la ciudadanía. Para convertirse en ciudadano, se tiene que demostrar conocimiento de la lengua inglesa y de ciertos aspectos de la historia norteamericana y sus instituciones. No existen requisitos raciales o étnicos.

Pero, de hecho, la nacionalidad estadounidense ha estado ligada históricamente a la raza. En 1790 el Congreso promulgó la primera ley de naturalización: catorce años después de la fundación del país, estipulaba quién podía convertirse en ciudadano. Restringía la naturalización a las "personas blancas libres". Como no se definía lo que se entendía por "blanco", se sobreentendía que su significado era obvio. Tampoco se definía "personas" —pero obviamente, se refería a personas del sexo masculino. Con el desarrollo de una pseudociencia racial en el siglo XIX, frecuentemente el Congreso y los tribunales se enfrascaron en tratar de definir los límites de la raza blanca y, por lo tanto, de decidir quién era elegible para la ciudadanía.

Sin embargo, el recién fundado país contaba desde sus inicios con la presencia de un gran número de personas no blancas. A los nativos americanos, aunque físicamente presentes, se les consideraba extranjeros permanentes, pertenecientes a naciones diferentes. Los Estados Unidos se fundaron como un país basado en la esclavitud, y para justificarla había que crear diferencias legales para distinguir a los que podrían ser esclavizados y excluidos de la ciudadanía.

La esclavitud y la raza también estaban interconectadas. Si los esclavos no tenían derechos legales, ¿qué sucedía con los negros que no eran legalmente esclavos? Algunos estados abolieron la esclavitud poco después de la independencia, y hasta concedieron la ciudadanía local a los negros libres, pero la ley federal se las negaba. Las personas de ascendencia africana, esclavas o libres, carecían del estatus de persona para el gobierno federal. La relación entre raza y nacionalidad estaba sólidamente establecida. La nación permanecía claramente definida como una entidad compuesta por personas blancas.

Durante el siglo XIX ciertos sucesos solidificaron la restricción de derechos para las personas no blancas. La Ley del Esclavo Fugitivo, las leyes estatales de inmigración y el fallo de Dred Scott constituyen paralelos interesantes con el debate contemporáneo sobre la inmigración. La Ley del Esclavo Fugitivo, ratificada por el Congreso en 1850, requería que los residentes de los estados libres reforzaran la institución de la esclavitud al ayudar a capturar y devolver a los esclavos que buscaban refugio en los estados donde era ilegal. De esta manera, el Gobierno Federal impedía la igualdad de derechos y el trato equitativo en todos los estados. Aun si un estado quisiera conceder igualdad de derechos, no podía hacerlo. En esencia, la ley criminalizaba a quienes trataban a los negros como seres humanos y no como mera propiedad, de la misma manera que algunas propuestas sobre la inmigración hoy proponen criminalizar a quienes tratan a los inmigrantes como seres humanos.[1]

Aun cuando algunos de los estados no esclavistas más antiguos lucharon por los derechos de todas las personas, en muchos otros de los no esclavistas las leyes prohibían el asentamiento de afroamericanos. Aunque no se aplicaron siempre, al convertirse en estados Illinois, Ohio, Michigan, Indiana, California y Oregón ratificaron leyes prohibiendo la inmigración afroamericana. La Constitución de Illinois, aprobada en 1848, requería que la asamblea legislativa "prohibiera la inmigración y el asentamiento en el estado de personas libres de color".[2] Los votantes de Indiana —sólo los blancos podían votar, por supuesto— ratificaron una ley redactada en 1850-51 durante su asamblea constituyente: prohibía la entrada de afroamericanos al estado. Y el artículo 13 de su Constitución criminalizaba la contratación de afroamericanos.[3]

Hacia los años 90 del siglo XVIII, cuando apenas había 60,000 negros libres en territorio estadounidense, los gobiernos estatal y federal habían comenzado a buscar maneras de eliminar esta población, considerada indeseable. En 1819, el Gobierno Federal enmendó la ley que prohibía la trata de esclavos para asegurarse de que los esclavos africanos capturados no fueran admitidos como libres. Durante el siglo XIX se propagaron estratagemas colonizadoras, a nivel estatal y nacional, con el fin de deportar a los negros libres. Una lista de figuras prominentes —desde Francis Scott Key hasta Daniel Webster y Andrew Jackson— patrocinaron la Sociedad Americana para la Colonización de las Personas Libres de Color de los Estados Unidos (ACS, por sus siglas en inglés) y tanto

Abraham Lincoln como los estados sureños comenzaron a implementar proyectos de deportación de esclavos liberados. Durante sus cincuenta años de existencia, la ACS "realojó más de 1,000 cautivos de barcos negreros y patrocinó el traslado de 12,000 negros, la mayoría liberados recientemente de grandes plantaciones del sur profundo, bajo condiciones cercanas a la deportación".[4]

En un fallo de 1857, la Corte Suprema dictaminó que un descendiente de africanos no podía ser ciudadano de los Estados Unidos y por consiguiente carecía de la protección del sistema legal estadounidense. Dred Scott había nacido como un esclavo en Virginia, pero vivido como un hombre libre cuando se mudó con su amo a Illinois y a Wisconsin, donde la esclavitud estaba prohibida. Cuando la familia de su amo trató de convertirlo nuevamente en esclavo en Missouri, entabló una demanda exigiendo declararlo libre. La decisión de la Corte fue muy clara: aunque podían ser emancipados, los descendientes de africanos no podían ser ciudadanos.

En su decisión, el juez Taney escribió que la intención original de los autores de la Constitución aludía a los blancos cuando se referían a los derechos y privilegios de todos los ciudadanos. Los negros, explicaba Taney,

> habían sido considerados durante más de un siglo seres de un orden inferior y completamente incapaces de asociarse con la raza blanca, tanto en relaciones sociales como políticas, y tan inferiores que no tenían derechos que el hombre blanco estuviera obligado a respetar (…). Esta opinión era universal y fija en ese tiempo y la compartía la porción civilizada de la raza blanca. Se consideraba un axioma moral y político que nadie consideró disputar o llevar a discusión abierta; hombres de todo nivel y posición en la sociedad actuaban en su vida diaria y habitualmente de acuerdo con este concepto, tanto en su vida privada como en los asuntos públicos, sin dudar por un momento la rectitud de la opinión.[5]

Así habló el juez. La labor de la Corte Suprema era mantener la intención original de la Constitución: negar los derechos y la ciudadanía a las personas de ascendencia africana. En relación con la Declaración de Independencia, el juez procedió a explicar: "está demasiado claro para que se tenga que discutir más: que no se pretendía incluir a la raza africana esclavizada en esta declaración, ni esta raza formó parte de la gente que enmarcó y adoptó esta declaración".[6]

Los blancos formaban parte de la comunidad de "hombres" por el hecho de estar aquí. A los negros se les excluía de la comunidad de "hombres" por haber sido esclavizados por gente blanca. Los argumentos sobre los derechos de los ciudadanos y extranjeros esgrimidos hoy, reflejan muchas de estas mismas ideas. Los inmigrantes pueden estar presentes físicamente —de la misma manera que los afroamericanos—, pero se les excluye de la comunidad a la que se le conceden los derechos. Estos se reservan para la parte de la población calificada como "ciudadanos".

La legislación posterior a la Guerra Civil adoptó la primera medida contra el exclusivismo blanco al instaurar el concepto de ciudadanía en virtud del nacimiento de la persona en los Estados Unidos y extender, oficialmente, los privilegios de naturalización a personas de ascendencia africana. La Ley de Derechos Civiles de 1866 redefinió la ciudadanía al declarar que "toda persona nacida (…) en los Estados Unidos y no sujeta a ningún poder extranjero —con la excepción de los indios, que no pagan impuestos—, se declaran ciudadanos de los Estados Unidos". La Catorceava Enmienda lo clarificó todavía más en 1868: "Todas las personas nacidas o naturalizadas en los Estados Unidos y sometidas a su jurisdicción son ciudadanas de los Estados Unidos y de los estados en los que residen". La exclusión de los nativos americanos, reiterada por la cláusula "sometidas a su jurisdicción", fue preservada por la Corte Suprema en 1884. No fue sino hasta 1940 en que se eliminaron las últimas restricciones a la ciudadanía y naturalización para los nativos americanos.[7]

Con la excepción de los últimos, estas leyes parecían privilegiar el lugar de nacimiento del individuo en lugar de la "raza" o el lugar de nacimiento de los padres o ancestros como la clave para la ciudadanía. (A los hijos de ciudadanos estadounidenses, sin embargo, se les confería automáticamente la ciudadanía aun si nacían en el extranjero). No obstante, quedaba claro que los derechos sólo eran el privilegio de un grupo selecto y no de todos.

La exclusión racial y nacional todavía se aplicaba en la naturalización: solamente *algunos* eran elegibles para ser naturalizados. El sistema legal de los Estados Unidos limitó la naturalización a personas "blancas" hasta

1870, cuando añadió la categoría de personas "nacidas en África o de ascendencia africana". Como en realidad no hubo inmigración de África sino hasta mucho más tarde en el siglo XX, la adición de esta nueva categoría constituía un cambio más simbólico que significativo. En la práctica, la posibilidad de naturalizarse solo existía para los europeos blancos.

Puede que los redactores de la Constitución hayan tenido en mente a los ingleses cuando escribieron "todos los hombres". Los autores de la Catorceava Enmienda estaban pensando, sin lugar a dudas, en dos categorías cuando escribieron "todas las personas": los blancos y los descendientes de esclavos africanos. Sin embargo, la redactaron precisamente cuando comenzaba a entrar al país la nueva ola de inmigrantes. ¿Cómo recibirían la ley y la sociedad norteamericanas a los recién llegados provenientes de Canadá y Europa, pero también de Asia y Latinoamérica (sobre todo de México) a partir de 1868? Si no se permitía a los no blancos convertirse en ciudadanos, ¿se les permitiría entrar a los Estados Unidos?

En 1882, el Congreso respondió con un rotundo e inequívoco NO al aprobarse la Ley de Exclusión de Chinos. Al declarar a los chinos, y más tarde a los japoneses y otros grupos inmigrantes asiáticos como "extranjeros no elegibles para la ciudadanía", se les despojó de otros derechos. La Catorceava Enmienda prohibía la discriminación racial, pero no la basada en estatus de ciudadanía —el acceso a la ciudadanía estaba todavía ligado, claramente, a la raza. La población de origen chino disminuyó de su cifra más alta de 118,746 en 1900 a 85,202 en 1930. El politólogo Aristide Zolberg describió esta "reducción deliberada de un grupo étnico" como el único caso de "limpieza étnica" en la historia de la inmigración norteamericana".[8]

California y diez estados más impidieron que los residentes japoneses se convirtieran en propietarios de terrenos mediante una prohibición de la tenencia de tierra por parte de "extranjeros inelegibles para la ciudadanía". La ley de Arkansas era todavía más específica: "ningún japonés o persona de ascendencia japonesa podrá adquirir o poseer tierras en el estado de Arkansas". Una ley federal de 1907 estipulaba que toda ciudadana perdía su estatus si se casaba con un hombre que no lo era. En 1922 la ley se revisó para permitir que las mujeres casadas en esa situación mantuvieran su estatus, pero las casadas con un extranjero racialmente inelegible para la ciudadanía quedaron excluidas. (No fue sino hasta 1940 en que el estatus de ciudadanía de una mujer se hizo completamente independiente del de su esposo.)[9]

En 1923, un fallo del Tribunal Supremo decidió que los indios asiáticos no eran elegibles para la ciudadanía. El Gobierno Federal comenzó inmediatamente "una campaña para despojar de su ciudadanía a los indios de Asia que se habían naturalizado". California expandió su prohibición de tenencia de tierras para incluirlos. De repente, un grupo de personas con derechos se convirtió en un grupo de personas sin derechos: la Corte había decidido que no eran blancos.[10]

Las leyes de restricciones a la inmigración de 1917, 1921 y 1924 codificaron estas exclusiones raciales y nacionales. La mayoría de las interpretaciones señalan que se dirigían, sobre todo, contra los originarios del sur de Europa y Europa oriental, que en ese momento componían la mayoría de los inmigrantes. Lo que no se recuerda tan a menudo en los libros de historia es la manera como estas leyes afectaban a los no europeos. La Ley de Inmigración de 1917, mejor conocida porque instituía como requisito saber leer y escribir, también creó una "zona de exclusión asiática" que incluía la mayoría del territorio del mundo, desde Afganistán hasta el Pacífico. Los inmigrantes chinos y japoneses ya habían sido completamente excluidos y declarados inelegibles para la ciudadanía; ahora se dejaba fuera a todas las personas clasificadas como "asiáticas".

Las leyes de 1921 y 1924 crearon límites numéricos basados en "origen nacional", pero sólo para las personas blancas. La ley de 1924 evaluaba los "orígenes nacionales" de la población en el año 1890 como el momento en que había el balance correcto entre europeos del noroeste y el sudeste. Trató de restablecer ese balance permitiendo un total de 155,000 inmigrantes al año, divididos proporcionalmente por país: el 16% provendría de Europa del sur y Europa oriental y el 84% del norte y oeste de Europa.[11]

Al redactar estas leyes, el Congreso estipuló claramente que a pesar de la Catorceava Enmienda y de la extensión de la ciudadanía y la naturalización a las personas de ascendencia africana, este constituía esencialmente un país blanco. La presencia de personas no blancas era incidental, no un componente central. De manera que cuando se examinó la población para determinar sus "orígenes nacionales", sólo se contó a la blanca. Los "descendientes de inmigrantes esclavos" y "extranjeros inelegibles para la ciudadanía o sus descendientes" —es decir, las personas de la Zona de Exclusión Asiática— no se contaban y por lo tanto carecían de cuotas.[12] (Algo similar sucede actualmente en el Censo de los Estados Unidos. Cuando se cuenta a las personas de origen hispano, se excluye a los puertorriqueños residentes en Puerto Rico. Los puertorriqueños son ciudadanos pero, por alguna razón, se les considera diferentes de otros y por lo tanto no se les cuenta.[13])

Las cuotas sí limitaron la inmigración proveniente de Europa oriental y concedieron privilegios a la del norte de Europa. El hecho de que ni siquiera se mencionan estas restricciones contra personas no blancas, deviene una indicación de cuán extendida estaba la noción de que los Estados Unidos son un país blanco. El sistema de cuotas establecido por la ley de 1924 se mantuvo vigente hasta 1965.

La ley incluía a 64 países fuera del Hemisferio Occidental, con sus correspondientes cuotas. La cuota mínima era de 100, y 39 países —principalmente los de Asia y África— tenían las cuotas más pequeñas. Gran Bretaña y Irlanda del Norte, y Alemania, estaban en el tope de la lista con 65,721 y 25,957, respectivamente, seguidas por el Estado Libre Irlandés con 17,853. Los otros países europeos recibieron entre 1,000 y 6,500 espacios.[14]

(Para añadir más a la confusión, países asiáticos como China y la India recibieron la cuota mínima de cien, pero a los chinos y a los indios asiáticos todavía se les prohibía inmigrar. Así que la cuota era más simbólica que real.)

No fue sino hasta los años 40 en que se les concedió, gradualmente, el derecho a la naturalización a otras personas, además de los blancos y los descendientes de africanos, si bien a muchos no se les dio necesariamente el derecho a inmigrar: los primeros fueron los nativos americanos (1940); luego los chinos (1943); después los filipinos y los indios asiáticos (1946). Finalmente, en 1952 se eliminaron las últimas restricciones raciales/nacionales para la ciudadanía. Probablemente, parte del ímpetu en la expansión de las categorías de las personas elegibles para la ciudadanía fue la humillación de constituir el único país del mundo, además de la Alemania nazi, en mantener una definición de ciudadanía basada en la exclusividad racial.[15]

¿Cuál era entonces el estatus de quienes no pertenecían a una de las dos categorías elegibles para naturalizarse entre 1870 y 1940, es decir, blancos o personas de ascendencia africana? Es importante mencionar que estas dos categorías son de por sí problemáticas y escurridizas. Una se refiere a la raza —sin especificar cómo se le define— y otra al lugar de procedencia.

Tras la ola migratoria que siguió a la Guerra Civil, le tocó a las cortes norteamericanas decidir quién, de hecho, pertenecía a la "raza blanca" y tenía, entonces, el derecho de naturalizarse como ciudadano. ¿Se decidiría por el tono de la piel? ¿Por el origen nacional? ¿O por una combinación de los dos? En ambos casos, ¿exactamente dónde y cómo se demarcarían las líneas divisorias? ¿Se clasificaría como blanco al hombre japonés que le mostró a la Corte el tono "rosado" de su piel? ¿Y qué sucedería con el sirio que dijo que como él provenía de la tierra de Jesucristo, negarle su blancura sería como negar que Jesús era blanco? ¿O con los armenios, a quienes la ley había clasificado de no blancos hasta 1909, y como blancos a partir de esa fecha? Entre 1878 y 1952, cuando se eliminaron los requisitos raciales para la ciudadanía, decenas de individuos buscaron establecer su raza en las cortes, y estas se vieron crecientemente involucradas en tomar decisiones en casos individuales que luego se convirtieron en los fundamentos de las políticas gubernamentales.

Las restricciones a la inmigración y la naturalización constituyeron una manera de evadir las implicaciones de la Catorceava Enmienda. Esta garantizaba la igualdad de derechos para todos los ciudadanos, pero no especificaba que todas las personas debían tener igualdad de acceso a la ciudadanía. En el fallo Dred Scott, la Corte había decidido que era obvio que en eso de "todos los hombres" no se incluía a los negros. Ahora los estados no podían "promulgar o implementar una ley que limitara los privilegios o libertades de ciudadanos de los Estados Unidos". Pero como sólo los blancos o las personas de ascendencia africana podían ser ciudadanos, la enmienda todavía permitía la exclusión de derechos de grupos de personas a partir de consideraciones raciales.

Mae Ngai sostiene que "en contraste con los norteamericanos de origen europeo, cuyas identidades étnicas y raciales se separaron durante los años 20, las identidades raciales y étnicas de los asiáticos y mexicanos se mantuvieron unidas. La racialización legal del origen nacional de estos grupos étnicos los presenta como extranjeros perpetuos e imposibles de asimilar a la nación (…). Estas formaciones raciales produjeron 'ciudadanos extranjeros' —asiático-americanos y mexicano-americanos nacidos en los Estados Unidos y con ciudadanía formal estadounidense, pero que a los ojos de la nación seguían siendo extranjeros".[16]

La experiencia de los afroamericanos ejemplifica más a fondo este concepto de los "ciudadanos extranjeros". Durante el período de la Reconstrucción se les habían concedido los derechos de ciudadanía, pero entre 1890 y 1930 fueron víctimas de un nuevo período de políticas excluyentes, en lo que los historiadores consideran "el punto más bajo de las relaciones raciales" durante los años posteriores a la emancipación.[17] La ola inmigratoria de Europa del sur y Europa oriental, así como la expansión territorial de los Estados Unidos —que incorporó nuevos grupos de personas no blancas bajo el dominio del país— contribuyeron a solidificar las barreras raciales para la ciudadanía. Los blancos, inmigrantes voluntarios, eran personas inherentemente elegibles para la ciudadanía; los no blancos, que existían en función de la conquista y la explotación, no.

La legislación de los derechos civiles aprobada en las décadas de los 50 y 60 del siglo XX continuó el proceso de crear una base legal para la igualdad racial, comenzado alrededor de 1860. Las reformas inmigratorias de la década del 60, discutidas en la primera parte de este libro, también crearon, ostensiblemente, igualdad racial en la política inmigratoria al establecer cuotas iguales para todos los países.

Sin embargo, las estructuras históricas que privilegiaban a los blancos continuaron articulando las realidades sociales y hasta la política de inmigración. El Congreso confirmó su arraigada creencia de que el país necesitaba más gente blanca con el nuevo programa de la "visa de diversidad", establecido en 1992 en el contexto de la gran ola de inmigración asiática y latinoamericana desde 1965. El programa creaba 55,000 visas para ciudadanos de países con bajos números de inmigrantes.

Al defender la legislación, el senador Alfonse D'Amato señaló los "dolorosos y hasta trágicos problemas que enfrentan irlandeses, alemanes, italianos, polacos y otros que no tienen miembros de su familia inmediata viviendo en los Estados Unidos". Durante los primeros dos años del programa, se reservaron el 40% de las visas para inmigrantes irlandeses.[18] En 1995, el programa se expandió para incluir todos los países "con baja representación" —o más bien, para excluir a los países "sobrerrepresentados". Los países que habían mandado más de 50,000 inmigrantes a los Estados Unidos en el quinquenio previo estaban excluidos específicamente. Para el 2006, la lista de países excluidos incluía a Canadá, China continental, Colombia, la República Dominicana, El Salvador, Haití, India, Japón, México, Paquistán, las Filipinas, Polonia, Rusia, Corea del Sur, Vietnam, y el Reino Unido y sus territorios dependientes, con la excepción de Irlanda del Norte.[19]

Si bien el programa de diversidad constituye sólo una pequeña parte de la política de inmigración de los Estados Unidos, es representativo de una suposición profundamente arraigada en la historia: la idea de que los blancos son los verdaderos ciudadanos. El hecho de que los no europeos no se hayan asimilado de la misma manera que los europeos, se debe a que todo —desde la Constitución hasta las leyes de inmigración y naturalización, pasando por los factores políticos, sociales y económicos discutidos en los próximos dos capítulos— ha perpetuado la idea de que los Estados Unidos son, y deben ser, un país blanco.

Mito 11

Ya que todos somos descendientes de inmigrantes, todos comenzamos en igualdad de condiciones

Los Estados Unidos han incorporado poblaciones nuevas mediante inmigraciones voluntarias, por inmigraciones involuntarias, y por conquistas. Afirmar que se trata de una nación de inmigrantes oscurece las últimas dos categorías de adquisiciones poblacionales. Incluso la inmigración voluntaria incluye a personas sin derechos: los trabajadores contratados o braceros. Cuando las personas comparan la inmigración actual con la de generaciones previas, generalmente lo hacen con los blancos europeos llegados como inmigrantes voluntarios siglos atrás —el grupo privilegiado desde el principio.

Los inmigrantes de color tienen muchas características comunes con los que se incorporaron por la fuerza al país, incluyendo nativos americanos, afroamericanos, mexicanos y puertorriqueños. En los estudios étnicos se utiliza el término "colonialismo interno" o "minorías colonizadas" para explicar la manera como las personas de color han sido incorporadas a los Estados Unidos. Los latinoamericanos y los asiáticos están ingresando en una sociedad que históricamente se ha definido contra sus ancestros y mediante la conquista de sus ancestros. Las costumbres, creencias y leyes construyeron a las personas de color como súbditos en vez ciudadanos y las admitieron o excluyeron de acuerdo con las necesidades de los empleadores. Esas costumbres, creencias y leyes siguen teniendo influencia en el siglo XXI.

Los Estados Unidos comenzaron a existir cuando los ingleses iniciaron la conquista de las tierras habitadas por los nativos americanos. Desde el primer asentamiento inglés hasta 1898, la ideología de la conquista y de las aptitudes de los ingleses o de sus descendientes para gobernar a otros, fueron virtualmente incuestionables entre los líderes. En la década de los 90 del siglo XIX, los comentaristas solían hablar desvergonzadamente de la capacidad excepcional de la "raza anglosajona" para gobernarse a sí misma y de su necesidad de expansión. "La raza anglosajona —escribió en 1898 un columnista de *Atlantic Monthly*— ocupa ahora el lugar más destacado en el mundo (…). Se sitúa como la mejor en cuanto a sus ideas e instituciones; es el tipo de civilización más alta (…). Nuestros propios y mejores intereses exigen imperativamente que la raza anglosajona continúe ocupando cada metro de la tierra que hoy día domina con justicia, donde sea que lo haga; procuremos por todos nuestros medios incrementar la influencia anglosajona y la extensión de sus posesiones".[1]

El historiador y filósofo John Fiske habló en nombre de muchos al enfatizar la naturaleza netamente inglesa de los Estados Unidos: "El indomable espíritu de la libertad inglesa es igual de indomable en todas las tierras en las que un hombre inglés se ha instalado como dueño", escribió. "La conquista del territorio continental norteamericano por los hombres de raza inglesa fue, incuestionablemente, el hecho más prodigioso en los anales políticos de la humanidad". La revolución americana "no fue una lucha entre dos pueblos diferentes", sino "mantenida por una parte de las personas inglesas en defensa de los principios que el tiempo ha demostrado que son igualmente deseados por todos". De hecho, la Revolución "le aclaró a un mundo asombrado que en vez de *una*, había ahora *dos Inglaterras*, ambas igualmente preparadas a trabajar a más no poder para la regeneración política de la humanidad".[2]

Además, la raza anglosajona estaba destinada a migrar: de hecho, debido a que era la superior, su migración sería la salvación de todos los lugares donde se instalara. La migración de la raza anglosajona, desde luego, no implicaba asimilación sino dominación. Como dijo en 1888 Josiah Strong, secretario de la *Congregational Home Missionary Society* (Sociedades Misioneras Nacionales Congregacionalistas) en su influyente libro *Our Country* (Nuestro país): el anglosajón "tenía un instinto o un genio para la colonización. Su energía sin igual, su perseverancia indomable y su independencia personal lo han hecho un pionero. Supera a todos los demás en su capacidad de abrirse paso hacia nuevos países". Como "la civilización más alta, que ha desarrollado características especialmente calculadas para imponer sus instituciones sobre toda la humanidad", la raza anglosajona "se propagará alrededor de la tierra".

"Esta poderosa raza se movilizará hacia México, hacia el centro y el sur del continente americano, hacia las islas en el océano, cruzará hasta África y más allá. ¿Hay alguna duda de que el resultado de esta competencia entre razas será 'la sobrevivencia del más apto'?"[3] Los anglosajones, entonces, supuestamente debían migrar y conquistar a todo el que se encontraran en el camino. Los no anglosajones debían "aceptar el destino" y ser conquistados a menos que los anglosajones decidieran trasladarlos para utilizarlos como fuerza laboral.

El anglosajonismo justificó la expansión imperial de los Estados Unidos; también nutrió el racismo contra los inmigrantes europeos del sur y del este que en ese entonces estaban llegando al país. Ambos racismos estaban entrelazados, pero no eran idénticos: los inmigrantes europeos se encontraban "en el medio", identificados de manera "semi-racial". A los italianos los llamaban "guineanos" —haciendo referencia de manera peyorativa a su supuesta cercanía con África—; los "hunos" y los eslavos eran casi considerados asiáticos. Entre 1910 y 1930, sin embargo, todas estas personas "se volvieron blancas" como parte del mismo proceso que reiteró la exclusión de quienes nunca podrían volverse blancos.[4]

Cuando en los años 20 se implementaron las cuotas nacionales para la inmigración, curiosamente el Hemisferio Occidental no fue incluido en los cálculos, y no porque los mexicanos fueran considerados ciudadanos potenciales de los Estados Unidos. Todo lo contrario: fueron omitidos de la legislación exclusiva porque las industrias agropecuarias del sudoeste dependían de su fuerza laboral, así como también de su estatus de "menos que ciudadano".

Los mexicano-americanos fueron incorporados por primera vez con la anexión de Texas en 1845, y luego con el Tratado Guadalupe-Hidalgo, que clausuró la Guerra Mexicano-Americana de 1848 y otorgó a los Estados Unidos el 55% del territorio vecino. Antes de las reformas de la década de los 60 del siglo XIX, la ciudadanía se reservaba a las personas blancas. Aún así, Guadalupe-Hidalgo ofreció la ciudadanía a los mexicanos que vivían en los territorios recién adquiridos. ¿Cuál era la lógica de concederles la ciudadanía a estas personas recién conquistadas?

Por un lado, la anexión integró muy cuidadosamente las áreas menos pobladas de México, dejando a un lado las de mayor concentración poblacional.[5] Había entre 80,000 y 100,000 mexicanos en los territorios tomados en 1848, además de un número desconocido de nativos americanos.[6] De acuerdo con la visión racista anglosajona del mundo, los mexicanos eran una anomalía: ni blancos, ni negros, ni indios, ni asiáticos. Al otorgarles la ciudadanía, a los mexicanos se les aceptó tácitamente como blancos, a pesar del hecho de que poco antes habían sido conquistados bajo el fundamento de la expansión anglosajona y del Destino Manifiesto. "La raza de mexicanos aquí se está volviendo una mercancía inútil", escribió el periódico *Galveston Weekly News* en 1855. Los linchamientos, la "justicia vigilante" —es decir, los grupos privados que toman la justicia por su mano— y las ocupaciones de terrenos confirmaron la perspectiva racista de los anglos hacia los mexicanos.[7]

La confusión oficial sobre el carácter racial de los mexicanos se exacerbó durante la década de los 20, cuando a las personas de ascendencia mexicana que vinieron a los Estados Unidos como inmigrantes se les permitía naturalizarse, a diferencia de los asiáticos. En 1929, el Secretario de Trabajo explicó: "Las personas mexicanas son de una estirpe tan combinada y los individuos tienen tan poco conocimiento de su composición racial, que le resultaría imposible hasta al más capacitado y experimentado etnólogo o antropólogo clasificar o determinar su origen racial. Por lo tanto, hacer el esfuerzo de excluirlos de ser admitidos o de recibir la ciudadanía por su estatus racial es prácticamente imposible".[8]

Los mexicano-americanos aprendieron, como los afroamericanos muchas décadas antes, que la ciudadanía no garantizaba la igualdad de derechos. Social y legalmente, estos nuevos ciudadanos no angloamericanos ocupaban un estatus de segunda clase. Y también como los afroamericanos, se les excluía de ciertos trabajos, de escuelas, de servicios públicos, de comprar tierras y de las áreas residenciales. Como ha escrito

David Gutiérrez, "a dos décadas de la conquista estadounidense se había vuelto claro que, con ciertas excepciones, a los mexicano-americanos se les había relegado a una posición estigmatizada y subordinada en la jerarquía social y económica".[9]

Aunque parezca extraño, antes de la década de los 20 la nueva frontera entre México y los Estados Unidos era abierta y sin controles. La inmigración y las leyes que la gobernaban se referían a quienes llegaran por la vía marítima a Nueva York o California. Desde comienzos del siglo XIX ciudadanos blancos estadounidenses habían estado migrando indocumentadamente a Texas y otros lugares de México. De hecho, los inmigrantes anglosajones de Texas se rebelaron contra el gobierno mexicano para declarar la República de Texas. Y los ciudadanos estadounidenses entraron sin permiso a México para luchar en la guerra mexicano-americana.

Los angloamericanos que migraron a México durante esa época se veían a sí mismos como colonizadores. Su objetivo era conquistar, no asimilarse a su nueva tierra. "Texas debería ser total y efectivamente americanizada" —escribió Stephen Austin en 1835—"en cuanto a lenguaje, principios políticos, origen común, simpatía y aun intereses".[10]

El desarrollo de la minería, de la industria agropecuaria, y de los ferrocarriles en el norte de México y el oeste de los Estados Unidos fue una empresa compartida: el capital estadounidense operaba a ambos lados de la frontera y los mexicanos se movilizaban de un lado a otro con bastante fluidez. Un ferrocarril transfronterizo, terminado en 1890, facilitó aún más el movimiento.[11] "Los inspectores de inmigración ignoraban a los mexicanos que ingresaban por el sudoeste de los Estados Unidos durante 1900 y 1910" porque el gobierno estadounidense "no consideraba seriamente a la inmigración mexicana en su total dimensión". Sólo a principios de 1919 los mexicanos debieron comenzar a ingresar formalmente por un punto de inspección y requerir un permiso.[12]

El reclutamiento de trabajadores en México no se inhibió por la Ley sobre Trabajadores Contratados de 1885, que prohibía el reclutamiento de extranjeros. Como otras medidas restrictivas, apuntaba principalmente a europeos y chinos. De hecho, la Ley de Exclusión de Chinos y la prohibición de reclutamiento de trabajadores extranjeros llevaron a los contratistas a reclutar activamente, por primera vez, a trabajadores mexicanos del interior de México. Ahora los trabajadores mexicanos en los Estados Unidos no provenían simplemente de la ya fluida e integrada región fronteriza. Se estableció entonces un verdadero torrente de migrantes del interior de México al interior de Estados Unidos, incluyendo áreas de la región central como Kansas y Chicago.[13]

La Ley de Inmigración de 1917, que imponía la alfabetización como requisito para entrar a los Estados Unidos y fijó un impuesto per cápita para cada inmigrante, también creó regulaciones explícitas para que a los mexicanos se les exceptuara de esta ley, de manera que los intereses de la agricultura y la ganadería del sudoeste pudieran continuar importando trabajadores temporales. Fue el primer programa de "trabajadores temporales" e ilustra la enmarañada red de la legalidad inmigratoria. Se sostuvo hasta 1922.[14] La fuerza laboral migrante puertorriqueña también se reforzó en 1917, con la concesión unilateral de la ciudadanía a los habitantes de la isla.

Aun cuando la Ley de Cuotas Nacionales de 1924 no restringió numéricamente la inmigración mexicana, sí produjo un cambio fundamental en la manera como sería manejada en el país. En vez de una frontera básicamente abierta y de una actitud acogedora hacia los inmigrantes —incluyendo los mexicanos, considerados nominalmente "blancos" y por lo tanto elegibles para obtener la ciudadanía—, la ley de 1924 cerró la frontera y demandó escudriñar a cada inmigrante potencial. Creó dos nuevas características de nuestra política inmigratoria que hoy parecen ser naturales: la Patrulla Fronteriza y la deportación. Durante el proceso, también creó la categoría de "inmigrantes ilegales".

Antes de 1924, los inmigrantes podían ser deportados por cometer ciertos crímenes, pero con una frontera abierta no existía el fenómeno del ingreso ilegal ni el concepto del inmigrante "ilegal". La ley de 1924 convirtió el "ingreso ilegal" en un crimen y creó un nuevo cuerpo policial, la Patrulla Fronteriza, para prevenir y penar la inmigración "ilegal". La ley, entonces, creó una nueva categoría de persona, ni ciudadano ni inmigrante: el "ilegal" cuya presencia en el país se convertiría en un crimen. Se trataba de personas completamente sin derechos. Y casi todos eran mexicanos, personas de raza indefinida a quienes, por lo tanto, no se les podía denegar la ciudadanía ni excluirlos con argumentos raciales. Ahora había un nuevo fundamento para excluirlos.

Las exclusiones raciales para obtener la ciudadanía se suprimieron en 1952 y el Congreso revisó las cuotas de orígenes nacionales en 1965. La segregación legalizada y la ciudadanía de segunda clase basadas en la raza se desmantelaron a nivel federal durante las décadas de los 50 y 60. Pero la Patrulla Fronteriza, el cuerpo policial encargado de la deportación y el concepto de "inmigrante ilegal" llegaron para quedarse.

Los mexicanos se volvieron la fuerza laboral sometida por excelencia, sobre todo para trabajos temporales en el sector agrícola. Los empleadores y el gobierno podían controlar perfectamente los suministros de mano de obra: primero abriendo y cerrando las fronteras; luego deportando a los trabajadores cuando terminaba la temporada o comenzaba una depresión. Más de 400,000 personas de origen mexicano fueron deportadas a principios de 1930, el 60% de ellos ciudadanos estadounidenses.[15]

El Programa Bracero de 1942 reafirmó que los mexicanos servían para ser importados y exportados de acuerdo con las necesidades de la agroindustria estadounidense, en vez de ser considerados personas con derechos. Uno similar, el Programa de las Antillas Británicas, trajo a trabajadores temporales del Caribe a laborar en la agricultura de la costa este desde 1943 hasta 1952. La revisión en 1952 de las políticas inmigratorias creó incluso otro método para traer a trabajadores temporales: el Programa H-2. Este fue dividido más adelante en H-2A para los trabajadores agrícolas y H-2B para otros trabajadores temporales o trabajadores golondrina: ambos continúan vigentes hoy. Debido a que los agricultores de la costa oeste tenían otros sistemas en funcionamiento, el H-2 se utilizó principalmente en el sector agrícola de la costa este. En 1999, casi la mitad de las 30,000 personas a quienes se les había otorgado la visa H-2 trabajaban en el sudeste, sobre todo en las plantaciones de tabaco. Los estados que más hacían uso del programa eran Carolina del Norte (era el rey: más de 10,000 trabajadores H-2), Georgia y Virginia.[16]

Al inicio el H-2 trajo, en lo fundamental, a trabajadores del Caribe. Curiosamente, se implementó cuando los antillanos fueron explícitamente excluidos de inmigrar con la aprobación de la Ley de Inmigración y Nacionalidad de 1952. Esta ley aclaraba que los residentes de las colonias británicas no serían elegibles como inmigrantes dentro de las cuotas asignadas a Gran Bretaña. Se trataba de una inquietante recapitulación del fundamento de la esclavitud: queremos que las personas negras vengan aquí a trabajar, pero no las consideraremos ciudadanos potenciales.

La Operación *Wetback* (Espaldas Mojadas) de 1954, que deportó a más de un millón de mexicanos, constituye otro ejemplo de la doble moral de las actitudes estadounidenses respecto a los mexicanos. Coincidía con el Programa Bracero, que traía al país a unos 200,000 mexicanos anualmente como trabajadores temporales. Las deportaciones implicaban una baja en la cantidad de trabajadores disponibles para el sector agrícola; por eso se aumentó el reclutamiento de braceros a unos 300,000 en 1954, y entre 400,000 y 450,000 durante los años siguientes.[17] Las deportaciones y el reclutamiento apuntaban al mismo objetivo: proveer trabajadores, pero asegurarse de que mantuvieran su estatus de "extranjeros" sin derechos. Y reforzaron la noción de que los ciudadanos y las personas con derechos son personas blancas.

La Operación *Wetback* ocurrió el mismo año en que el fallo *Brown v. Board of Education* marcara el resurgimiento del movimiento a favor de los derechos de los negros, un concepto experimentado durante la Reconstrucción pero apagado durante varias generaciones. Como en el pasado, la expansión vacilante de los derechos para algunas personas fue acompañada de la represión simultánea, confrimando una vez más que el concepto de derechos era exclusivo de unos pocos.

En 1964, cuando finalizó el programa Bracero (utilizado mayormente en el sudoeste) no se evaporó la demanda de trabajadores temporales a quienes se les pudiera pagar bajos salarios y explotar. De hecho, la demanda se estaba incrementando debido a los cambios estructurales en la economía antes descritos. Durante los veinte y dos años que duró, más de 5 millones de trabajadores mexicanos fueron traídos al país.[18] Ahora hacía falta un nuevo sistema para satisfacer esta demanda: trabajadores considerados "ilegales".

Habían estado cruzando la frontera legalmente durante décadas para trabajar en el sector agrícola. Sus empleadores aún los reclutaban y necesitaban de su trabajo. Pero de un momento a otro, perdieron incluso los escasos derechos que ofrecía el Programa Bracero. De pronto, eran "ilegales". Daba la impresión de que los Estados Unidos no podían aceptar la presencia de trabajadores mexicanos importados, pero tampoco podían sobrevivir sin ellos.

El movimiento por los derechos civiles de las personas negras, que restablecía o extendía algunos derechos a los negros, creaba también un malestar nacional hacia el programa de trabajadores temporales. Pero estos movimientos no iban más allá de los derechos de las personas categorizadas como "legales". Los negocios del sector agrícola podían aceptar los derechos civiles para algunos siempre y cuando se les continuara asegurando una fuerza laboral sin derechos. La AFL-CIO e incluso durante un tiempo la Asociación Nacional de Trabajadores del Campo (*United Farm Workers*) de César Chávez siguieron esta política. En la medida en que la opinión popular aceptara la división entre "legal" e "ilegal", las estructuras de desigualdad social —y los beneficios que traía para algunos— podrían continuar.

A principios de la década de los 90, el número de trabajadores traídos por el H-2 se incrementó bruscamente y hubo un reemplazo de caribeños por mexicanos. Hacia 1999, el 96% de los trabajadores del Programa H-2 eran mexicanos.[19] Como siempre, los programas de reclutamiento iniciaron un torrente de migrantes: precisamente los tres estados que traían gran cantidad de trabajadores temporales de México en los años 90, comenzaron a notar un incremento en su migración permanente en el 2000. Hacia el 2004, esos tres estados tenían entre 200 mil y 300 mil inmigrantes indocumentados.[20] Entre 1980 y 1990, la población nacida en el extranjero incrementó del 1.3 al 1.7% en Carolina del Norte; del 1.7 al 2.7% en Georgia y del 3.3 al un 5% en Virginia.[21] Hacia el 2003, los nacidos en el extranjero habían alcanzado el 6.2% en Carolina del Norte, el 7.9% en Georgia y el 9.2% en Virginia.[22] Hacia el 2009, las proporciones eran del 7.1% en Carolina del Norte, el 9.4% en Georgia y el 10.2% en Virginia. Estos estados estaban clasificados en el puesto número 14, 9 y 11, respectivamente, en cantidad de inmigrantes por estado.[23]

Los inmigrantes de hoy, entonces, son los herederos de una larga historia de inmigración y expansión que ha incorporado a personas a la población de maneras distinguidamente desiguales. Los actuales inmigrantes son aún inmigrantes, como los europeos de hace un siglo. Pero también son asiáticos y latinos, cuya historia en los Estados Unidos ha sido de exclusión y conquista. Ambas historias entrelazadas estructuran las formas en que los inmigrantes son tratados y recibidos por la sociedad estadounidense hoy en día.

Mito 12

Los actuales inmigrantes amenazan a la cultura nacional porque no la están asimilando

En 1993, en una edición especial de la revista *Time* dedicada a la inmigración, la escritora Toni Morrison comentó que "el más duradero y eficiente rito de iniciación a la cultura estadounidense" eran "las evaluaciones negativas hacia las poblaciones negras nativas. Sólo cuando se aprende esta lección de distanciamiento racial, se completa la asimilación". Los negros, escribió, tienen un permanente estatus de "personas sin ciudadanía". "La asimilación a la cultura dominante de los Estados Unidos siempre implica aceptar la noción de que los negros estadounidenses son los verdaderos extranjeros".[1]

Los inmigrantes italianos, polacos y judíos pueden no haberse identificado con la sociedad blanca cuando arribaron por primera vez a los Estados Unidos, o pueden no haber sido aceptados. Pero ellos, y aún más sus hijos, asimilaron la cultura al convertirse en "blancos" y empezaron a experimentar avances en su posición social en la medida en que se fueron fusionando con la mayoría blanca. Parte de esta fusión significaba adoptar sus actitudes y comportamientos racistas.

El autor negro puertorriqueño Piri Thomas describió la brecha generacional entre los italianos en su vecindario en el Bronx en la década de los 40: las madres y las abuelas lo aceptaban como a uno de los suyos mientras la nueva generación lo atacaba y difamaba con el apelativo racial *spic* (hispano). Uno de los jóvenes italianos, interpretando gráficamente el punto de Toni Morrison, expresó lo que le haría a la hermana de Piri si este tuviera una: "¡Que se joda! Vamos a cubrirle la cara a la puta con una bandera y la chingamos en el nombre de la patria".[2]

James Loewen destaca que cuando los inmigrantes europeos se mudaron de sus enclaves de las zonas marginales urbanas para convivir con los blancos estadounidenses y unirse a ellos, los afroamericanos estaban siendo segregados residencialmente al difundirse en los Estados Unidos el fenómeno de "las ciudades del ocaso", que prohibía explícitamente a las personas negras permanecer en las ciudades pobladas por blancos después de la puesta del sol.[3] La asimilación para las personas de origen europeo fue acompañada de una constante exclusión de las de color en los Estados Unidos.

Para los inmigrantes de color, la asimilación lleva en sí algo totalmente diferente de lo que ha implicado históricamente para los europeos. Para los inmigrantes latinoamericanos, significa más a menudo despojarse de su "sueño americano" y unirse a los estratos más bajos de la sociedad donde han sido consistentemente mantenidos los nativos americanos y los afroamericanos, las personas de color que más lograron "asimilar" la cultura estadounidense. "Cuando los inmigrantes haitianos asimilan la cultura", dice un estudio, "no se vuelven los genéricos y tradicionales estadounidenses, sino específicamente afroamericanos y sobre todo afroamericanos pobres, los más vulnerables al racismo estadounidense".[4]

Como sugirió Toni Morrison, la desigualdad racial está tan profundamente arraigada en la cultura nacional y la estructura social, que la asimilación ha supuesto históricamente encontrar, aprender y aceptar el lugar propio en el orden racial como parte de la cultura nacional. Si los nuevos inmigrantes pudieran tener éxito en el desafío y en la transformación del orden racial de los Estados Unidos —es decir, si pudieran lograr cambiar la cultura nacional—, sería muy positivo. Pero las señales no apuntan en ese sentido. El actual sentimiento anti-inmigrante refuerza la desigualdad racial.

Como hemos visto, desde el comienzo los Estados Unidos se han definido a sí mismos como un país blanco y anglosajón. Los africanos y los nativos americanos pueden haber vivido en los territorios conquistados, pero no eran ciudadanos. A los mexicanos —sobre todo a los mestizos, hijos de españoles y nativos americanos— incorporados a la población estadounidense luego de la conquista de 1848, se les concedió una ciudadanía incompleta: no disponían de todos los derechos. Pero ello ocurrió sin alterar la firme idea de que los Estados Unidos eran un país anglosajón.

Los nuevos inmigrantes no anglosajones, comenzando por los irlandeses en la década de 1850 y aumentando numéricamente con los europeos del sur y del este a partir de 1870, no eran ni anglosajones ni personas de color. Muchos procedían de pueblos que los anglosajones consideraban naciones inferiores, y muchos de pueblos sin un Estado propio: se trataba de minorías oprimidas en los países o imperios de donde venían. Muchos venían del Imperio otomano o del austrohúngaro; muchos eran irlandeses, de una tierra controlada por Inglaterra, o judíos de Europa del Este. Algunos eran italianos del sur de Italia, de un país que recién se había unificado y donde la región del sur dependía económicamente de la del norte.

Cuando los inmigrantes europeos se incorporaron a la cultura estadounidense, se unieron a la sociedad blanca tanto en lo social como en lo cultural. Obviamente, el color de la piel no cambió, pero se expandió la categoría de "blanco": ya no se le asociaba sólo con ser anglosajón, sino empezó a incluir a los recién llegados. La identidad anglosajona se basaba, fundamentalmente, en la dominación de los africanos, nativos americanos y asiáticos; las instituciones e ideologías estadounidenses reflejaban esta realidad. Al principio, los europeos del sur y del este no formaban parte de esa dinámica racial. No obstante, la asimilación implicaba aceptar la desigualdad racial e identificarse con la ideología anglosajona para obtener de esa forma un lugar entre blancos.

Cuando los inmigrantes asiáticos y latinos se integran a la cultura, también asimilan la jerarquía racial estadounidense, pero de una forma diferente: se vuelven personas de color en una sociedad racialmente dividida. En vez de derivar en ascenso social, la asimilación se convierte en lo contrario. Desde luego hay excepciones, pero, abrumadoramente, las estadísticas sociales y económicas han contado la misma deprimente historia durante muchas generaciones: los negros, los hispanos y los nativos americanos se encuentran en el peldaño más bajo de la jerarquía racial, aun —o tal vez especialmente— aquellos cuyos ancestros tienen presencia en el país desde hace más tiempo. Entonces, lo que los mantiene marginalizados no es que no estén asimilando la cultura, sino la asimilación en sí.

La relación entre asimilación y movilidad social descendente ha sido especialmente notoria en los estudios realizados sobre los jóvenes en las escuelas. El profesor Marcelo Suárez-Orozco dirigió dos grandes estudios sobre adolescentes latinos: descubrió que los nuevos inmigrantes solían ser los estudiantes con las aspiraciones más altas y la más fuerte creencia en el sueño americano. Esto se debía a que, como inmigrantes, aún no habían aprendido el orden racial estadounidense. Sus profesores señalaban constantemente el compromiso con la educación de estos nuevos inmigrantes, su ética laboral y el respeto hacia sus maestros. No obstante, en la medida en que se americanizaban, se adentraban en la cultura del adolescente opositor de los barrios marginales urbanos que valoraba el dinero, las drogas y los comportamientos imprudentes considerados *cool* —lo opuesto al trabajador y esperanzado adolescente recién llegado.

Con el paso del tiempo, los nuevos inmigrantes perdieron el optimismo. Se integraron al adquirir conciencia de la vieja posición de los latinos en la sociedad de los Estados Unidos. Se percataron de que la educación no aseguraba el cumplimiento de su "sueño americano". De hecho, algunos estudios han demostrado que cuanto más alto es el nivel de educación, más alta es la disparidad de ingresos entre blancos y no blancos en la sociedad norteamericana. En vez de nivelar las condiciones del juego, los logros educativos mantienen o aun exacerban las desigualdades.[5]

Si bien los estudiantes de color pueden no estar al tanto de las estadísticas, sus decisiones parecen reflejar una conciencia general de que la educación no es un viaje automático al "sueño americano". Un estudio sobre las tasas de graduación de la escuela secundaria en el 2010, mostró que durante el curso escolar 2007-2008 el 81% de los estudiantes blancos se habían graduado a su debido tiempo, mientras sólo el 64% de los nativos americanos, el 63.5% de los hispanos y el 61.5% de los afroamericanos hicieron lo mismo.[6] Los nuevos inmigrantes se parecen mucho a los "extranjeros" más antiguos en los Estados Unidos (los nativos americanos y los negros) en cuanto al estatus social. Contrariamente a lo que sucedía con generaciones enteras de inmigrantes europeos, no importa cuánto asimilen la cultura, los inmigrantes de color nunca podrán volverse blancos.[7]

Como en las tempranas generaciones de inmigrantes, quienes arriban hoy creen que aprender inglés es crucial para sobrevivir y tener éxito en el país. Pero los nuevos inmigrantes también toman conciencia de que aprender a hablar inglés no resolverá los problemas de raza. Los nativos americanos y los afroamericanos tienen el inglés como lengua nativa; sin embargo, ello no los ha ayudado a asimilarse en la sociedad estadounidense que en muchos sentidos aún sigue definiéndose como blanca.

De todos los grupos latinos en los Estados Unidos, los puertorriqueños son los más asimilados. Todos han sido ciudadanos desde 1917. Tienden a saber y a hablar inglés como idioma principal mucho más que cualquier otro grupo de latinos.[8] También tienen una gran ventaja sobre otros inmigrantes, porque su estatus de ciudadanos los vuelve elegibles para hacer uso de los servicios de bienestar social y les otorga automáticamente el derecho de trabajar. No pueden hacer lo mismo muchos inmigrantes de otros lugares de Latinoamérica.

Si bien los mexicanos no son automáticamente ciudadanos como los puertorriqueños, su historia en los Estados Unidos es la más antigua de la de cualquier otro grupo latino. Los mexicanos que residían en los territorios ocupados por los Estados Unidos en 1848 recibieron la ciudadanía con el Tratado Guadalupe-Hidalgo; han estado inmigrando a los Estados Unidos antes que cualquier otro grupo.

No obstante, tanto los mexicanos como los puertorriqueños tienen los índices de pobreza más altos comparados con cualquier otro grupo latino en los Estados Unidos. Los cubanos, la mayor parte de los que arribaron a los Estados Unidos después de 1959; los dominicanos, que comenzaron a llegar en grandes números en la década de los 70; y los centroamericanos, cuya migración masiva se remonta a la década de los 80, tienen índices de pobreza más bajos: el 22.9% de los mexicanos, el 24.8% de los puertorriqueños y el 17.1% de los centroamericanos en los Estados Unidos vivían por debajo del límite de pobreza en el 2009, mientras entre los cubanos sólo el 14.6% se encontraba en esa situación.[9]

En un interesante estudio sobre los inmigrantes negros de las Antillas, Mary Waters descubrió que "a los inmigrantes y a sus hijos les va mejor económicamente si mantienen una fuerte identidad y cultura étnica, y si resisten las influencias culturales y de identidad estadounidenses (…) a quienes se resisten la americanización les va mejor y quienes pierden su distintivo étnico inmigrante comienzan a sufrir un descenso social (…). Cuando los antillanos perdieron su distintivo como inmigrantes o grupo étnico no se volvieron simplemente estadounidenses, sino negros estadounidenses".[10]

El panorama es claro. Los inmigrantes de color asimilan la cultura estadounidense, pero en contraste con los inmigrantes blancos, la asimilación viene acompañada por un descenso social. Implica aprender el orden racial de los Estados Unidos y unirse a los rangos más bajos de la jerarquía social. La asociación generalmente establecida entre la asimilación y el ascenso social se fundamenta en las experiencias de los inmigrantes blancos. Para los de color, la trayectoria de la asimilación es muy diferente.

Mito 13

Los inmigrantes de hoy no aprenden inglés y la educación bilingüe no hace más que empeorar el problema

Las largas listas de espera que hoy existen para asistir a las clases de inglés como lengua extranjera, así como la abrumadora tendencia del inglés a predominar entre la segunda y tercera generación de inmigrantes latinoamericanos, desmienten la creencia popular de que los nuevos inmigrantes no están dispuestos a aprenderlo. En muchos sentidos, los patrones de idioma de la actual inmigración son similares a los de generaciones anteriores: los mayores de edad encuentran muy difícil aprender un nuevo idioma, y a veces lo consideran hasta innecesario, mientras los más jóvenes se percatan rápidamente de que resulta esencial adquirirlo con rapidez. Ya hacia la tercera generación se pierde la lengua de la patria natal del inmigrante.[1] A menudo la tercera o cuarta generación empieza a estudiar en el colegio el idioma natal de sus abuelos para tratar de reconectarse con su herencia.

Sin embargo, de muchas maneras la situación de hoy es diferente y algunas de estas diferencias han conllevado a malinterpretaciones sobre lo que los actuales inmigrantes están haciendo respecto al aprendizaje del inglés.

Muchos de los que vinieron a los Estados Unidos de Europa hace cien años planeaban trabajar duro durante un tiempo y luego regresar a sus países de origen. Quienes llevaron a cabo este plan muy raramente aprendían demasiado inglés. Pero entre los que acabaron por quedarse más tiempo y decidieron formar familias, el inglés terminó predominando en una generación o tal vez en dos.

Este patrón, prevaleciente desde 1870 hasta comienzos del siglo XX, se modificó entre 1914 y 1924. El caudal de migrantes se interrumpió en ambas direcciones. La Primera Guerra Mundial y las crecientemente restrictivas leyes de inmigración derivaron en una significativa reducción de los viajes transatlánticos. Ello significó que las poblaciones de inmigrantes y sus culturas dejaron de nutrirse por un continuo influjo, y que los inmigrantes que ya estaban en el país debían abandonar las esperanzas de volver a sus hogares. Al mismo tiempo, la propaganda contra los extranjeros —sobre todo contra los alemanes—, así como las campañas de "americanización," crearon más presiones para que los inmigrantes abandonaran su lengua materna. El multilingüismo terminó reemplazado por el monolingüismo del inglés.

Tanto los inmigrantes latinoamericanos del pasado como los actuales son de alguna forma diferentes. En primer lugar, la historia de los latinoamericanos en los Estados Unidos no es únicamente una de olas de inmigración voluntaria, sino también una de incorporaciones forzadas. Los mexicanos y los puertorriqueños fueron conquistados por los Estados Unidos. Las personas conquistadas han sido históricamente más marginadas y reticentes a abandonar sus herencias culturales, comparadas con los inmigrantes voluntarios. Muchas poblaciones de nativos americanos, por ejemplo, han mantenido su lengua cientos de años después de la conquista. Durante la primera mitad del siglo XX, los puertorriqueños se resistieron a las campañas que tenían como objetivo reemplazar el español por el inglés en la isla.

Si bien la historia de la conquista y de las incorporaciones forzadas de los hispanoparlantes a los Estados Unidos estructura de muchas maneras las experiencias de los inmigrantes latinoamericanos contemporáneos, no es el único factor que hace a esta experiencia diferente a la de los primeros inmigrantes europeos. La otra importante desemejanza consiste en que la geografía, la tecnología y los patrones de inmigración mantienen vivos los vínculos transfronterizos para los inmigrantes latinos de hoy: sus tierras natales se encuentran más cerca, pueden ir y volver con más facilidad y a un menor precio, pueden mantenerse en contacto mediante medios electrónicos, y las inmigraciones son continuas. Entonces, aun si la segunda y tercera generación de latinos hablan inglés, están llegando nuevas primeras generaciones que se encuentran continuamente rejuveneciendo a la población hispanoparlante.

A primera vista, puede parecer que los latinos no están aprendiendo inglés. Pero lo que sucede realmente es que mientras una generación lo aprende, otros hispanoparlantes están arribando. Al mismo tiempo, muchos latinos dominan ambos idiomas, lo cual no sucedía históricamente con los antiguos inmigrantes europeos: los actuales inmigrantes aprenden a hablar inglés sin abandonar su lengua materna.

En 1980, el 11% de la población estadounidense hablaba en su casa una lengua distinta al inglés. En 1990, aumentó al 14% o 31.8 millones de personas, y en el 2007 alcanzó el 19.7% o 55 millones de personas. Más de la mitad —34.5 millones en el año 2007— eran hispanoparlantes. Vale la pena subrayar, sin embargo, que también más de la mitad de quienes hablaban en sus casas español u otro idioma diferente, eran también muy competentes con la lengua inglesa.[2] Pero el patrón de la adopción del inglés se ha mantenido consistente: "Cuanto más tiempo permanezcan en los Estados Unidos, más expuestos estarán al idioma y más efectiva será su adopción".[3] La principal variable que afecta la adopción del inglés es la edad de los inmigrantes al arribar al país: cuanto mayores sean, es menos probable que aprendan a hablar fluidamente el inglés.

Si bien los actuales inmigrantes hispanoparlantes aprenden inglés tan rápido como las antiguas generaciones de inmigrantes de Europa, parecen retener mucho más su lengua materna que los europeos. Esto probablemente se deba a los factores mencionados más arriba: la historia de la colonización, la proximidad geográfica y la mejoría de las comunicaciones. Mientras más de la mitad de la tercera generación de inmigrantes latinos hablan sólo inglés, un número significativo es bilingüe.[4]

Una manera de medir el deseo de los inmigrantes latinoamericanos de aprender inglés consiste en acudir a las inscripciones para asistir a clases. Según un estudio reciente, casi el 60% de los proveedores de clases de inglés en los Estados Unidos reportaron una significativa lista de espera, algunas de hasta tres años. Muchos de los que reportaron no tenerlas, explicaron que dada la cantidad de personas interesadas, simplemente no las utilizaban: completaban los cupos de sus clases y rechazaban a quienes no cabían. En la ciudad de Nueva York, había tan sólo 40,000 cupos para un millón de estudiantes esperanzados.[5]

En un estudio realizado por el Pew Hispanic Center, se les preguntó directamente a los latinos cuán importante creían que era aprender inglés. "Los hispanos, por un gran margen, creían que los inmigrantes deben hablar inglés para ser parte de la sociedad estadounidense y una mayor cantidad creían que (…) debería enseñarse a los hijos de los inmigrantes", concluyeron los autores de la encuesta. De acuerdo con sus hallazgos, el 92% de los hispanos creían que era "muy importante" enseñar inglés a los hijos de los inmigrantes, mientras el 87% de los blancos y los negros no hispanos opinaban lo mismo.[6] Claramente, la población hispana no muestra reticencia alguna a la hora de aprender inglés.

¿Por qué, entonces, políticos y activistas han sentido la necesidad de promover leyes e iniciativas de "Sólo inglés" en los Estados Unidos? Hacia fines del 2011, 31 estados habían declarado, mediante legislaciones o procesos de referéndum, que el inglés era su idioma oficial. La organización U.S. English, Inc., fundada por el ex senador S. I. Hayakawa, ha venido funcionando desde 1983 para promover legislaciones en ese sentido a nivel estatal y nacional. Según sostienen, su objetivo consiste en "preservar el papel unificador de la lengua inglesa en los Estados Unidos".[7] *English for the Children* (Inglés para los Niños) ha dirigido sus esfuerzos a desmantelar los programas de educación bilingüe, argumentando que a los niños sólo se les debería enseñar en inglés. Dirigida por el empresario californiano Ron Unz, ha tenido éxito con la aprobación de varios referéndums contra la educación bilingüe en California, Arizona y Massachusetts.[8]

La mayoría de los que respaldan esta iniciativa discuten apasionadamente sobre la importancia del inglés. Pero como no hay ningún movimiento organizado en las esferas políticas o educativas y ninguna opinión pública discernible que desafíen la importancia de aprender inglés, la campaña se vio obligada a encontrar un nuevo blanco. En esta ocasión, en vez de apuntar hacia los inmigrantes, lo hizo hacia los programas de educación bilingües establecidos en la década de los 60 para ayudar a que los niños de los inmigrantes aprendieran el idioma. Ignorando dos generaciones de investigaciones sobre el éxito de estos programas, Unz y sus seguidores construyeron una campaña basada en la noción, completamente insustancial, de que la educación bilingüe, de hecho, obstaculizaba que los niños aprendieran inglés.

Sin embargo, las indagaciones sobre el tema han sido bastante unánimes en sus conclusiones: el bilingüismo o el multilingüismo ofrecen ventajas tanto cognitivas como profesionales en comparación con el monolingüismo. También muestran que mientras los niños pueden adquirir rápidamente los conocimientos necesarios para mantener una conversación en otro idioma, les toma tres o cuatro años desarrollar la fluidez académica que les permite comprometerse con el estudio a profundidad usando su segundo idioma.[9]

Por consiguiente, los niños que reciban instrucción en su lengua natal en asignaturas como matemática, ciencia y lectura mientras aprenden inglés de manera consistente, muestran mejores resultados a largo y corto plazo no sólo en esos dominios, sino también en el conocimiento del idioma.[10] Estos resultados no constituyeron una sorpresa para los científicos cognitivos, quienes desde hace ya un tiempo conocen los beneficios del bilingüismo.[11]

Pero los partidarios del movimiento "Sólo inglés" solicitaron a los votantes apoyar su propuesta de que los niños cuya lengua materna no fuera el inglés aprenderían mejor si no fuesen instruidos en su propia lengua. Propusieron un período limitado para asistir a clases de inglés como lengua extranjera, y que la enseñanza de las diferentes áreas y materias se dictara sólo en esa lengua. Los partidarios de "Sólo inglés" erigieron el espectro —tampoco avalado por ninguna evidencia— de que el bilingüismo amenaza al inglés.

James Crawford, ex presidente de la Asociación Nacional de Educadores Bilingües, insiste en que el movimiento contra la educación bilingüe ha logrado sumar tanto a conservadores como a liberales a su causa apoyándose en una combinación de xenofobia e información errónea. Algunos líderes del movimiento podrían estar motivados por la xenofobia, pero la mayoría de los votantes que respaldaron las iniciativas lo han hecho porque terminaron creyendo —en sentido contrario a todas las evidencias— que la educación bilingüe constituye una desventaja para los niños inmigrantes. Como explica Crawford, muchas personas votan contra la educación bilingüe "basándose en la errónea creencia de que segrega a los niños inmigrantes, de que no les enseña inglés y limita sus oportunidades".[12]

Una campaña de alto perfil, y bien patrocinada, ha creado la impresión generalizada de que la educación bilingüe obstruye la habilidad de los niños inmigrantes de aprender inglés. De acuerdo con esta teoría, aprender inglés y otras materias y contenidos se excluyen mutuamente: a los niños o se les enseña inglés y se dejan los demás contenidos para más adelante, o se les aísla en clases bilingües donde estudian los demás contenidos y materias en sus lenguas natales, pero sin aprender el idioma.

La oficial Linda Chávez, de la administración Reagan, "contó las historias de niños que supuestamente resultaron víctimas de una 'multibillonaria burocracia': fueron erróneamente asignados a clases bilingües, mantenidos en ellas contra la voluntad de sus propios padres y privados de aprender inglés".[13] Los analistas conservadores llaman a la educación bilingüe "segregación contemporánea: manda a los niños a clases diferentes y les impide aprender todo el inglés que necesitan".[14]

Esta descripción construye de manera errónea la naturaleza y objetivos de la educación bilingüe. Esta parte de la premisa de que "no hay necesidad de privar la enseñanza del inglés mientras los niños estudian materias en el colegio en su idioma materno ni de retrasar sus estudios académicos mientras aprenden inglés. Todo lo contrario: una generación de investigaciones y prácticas ha demostrado que el desarrollo de las habilidades académicas y de los conocimientos en la lengua de los estudiantes, respalda y refuerza la adquisición del inglés".[15] La mayoría de los votantes, sin embargo, no tienen ni tiempo ni recursos para explorar estas investigaciones en la adquisición del lenguaje, ni conocen mucho el trabajo de los programas bilingües.

Además, como explica Crawford, "debido a que la educación bilingüe es controversial, no se le considera tanto un campo psicopedagógico sino un problema político, y los medios de comunicación le prestan igual atención a los 'bandos' opuestos".[16] Es similar al problema de la evolución o del calentamiento global: hay un abrumador consenso científico sobre los temas básicos, pero debido a que son políticamente polémicos, muchas veces se presentan en los foros públicos como si las posiciones opuestas tuvieran igual validación científica.

De alguna manera, el debate sobre la educación bilingüe refleja otros debates sobre nuestras políticas sociales. Los conservadores sostienen que los gastos sociales en programas como el bienestar social, la Acción Afirmativa u otros diseñados para afrontar las desigualdades sociales, raciales y económicas, en realidad dañan a quienes supuestamente deberían ayudar.

La educación no debería entenderse como un juego de suma cero. Así como a los niños se les debería enseñar matemática y lectura —y los educadores comprenden que leer y escribir realza la habilidad matemática, y viceversa—, los niños que hablan otro idioma diferente al inglés tienen una habilidad académica que debería nutrirse. Los políticos y quienes se preocupan porque los inmigrantes aprendan inglés deberían mostrar mayor interés por lanzar más programas de enseñanza de inglés como lengua extranjera, y por otorgar más fondos para la educación bilingüe, y no insistir con medidas punitivas como las votaciones de "Sólo inglés" y prohibir los programas educativos diseñados para enseñarles a los niños con eficacia.

Cuarta Parte
¿Cómo las políticas estadounidenses han creado la inmigración?

Las discusiones sobre la inmigración en los medios de difusión, el Congreso o las calles tienden a considerarla un problema de individuos, no estructural e histórico. Comienzan por suponer que las personas de otros países vienen a los Estados Unidos para aprovecharse de las riquezas y las oportunidades. Debido a que las olas inmigratorias se componen de muchas decisiones individuales, el argumento es el siguiente: "Debemos tomar medidas para frenar a esos individuos una vez que tomaron sus decisiones. De lo contrario, harán uso de todas las riquezas y oportunidades que, por derecho propio, pertenecen a nosotros, los ciudadanos".

Sin embargo, si observamos los números y las tendencias nos percataremos de que las olas migratorias están de hecho altamente estructuradas. Estructuradas por relaciones coloniales. De hecho, las actuales corrientes migratorias universales constituyen una expresión contemporánea de las antiguas y continuas relaciones sociales y económicas creadas por el colonialismo.

Hay dos partes de este problema que debemos comprender. En primer lugar, por qué los Estados Unidos y otros países que reciben inmigrantes, como los europeos, son tan ricos. Este fenómeno no sucedió por casualidad: tiene mucho que ver con el sistema mundial del colonialismo, emergido a partir de 1492 que drenó los recursos de África, Latinoamérica y Asia hacia los Estados Unidos y Europa. Con este antecedente, no resulta extraño que los habitantes de esas regiones quieran un poco de las riquezas creadas a partir de sus recursos y de su trabajo —pero a las que tienen un acceso denegado desde sus tierras natales.

En segundo, necesitamos observar las continuas relaciones y los vínculos que hacen posible y real la inmigración. Tan sólo la disparidad de los recursos no conlleva a la inmigración. Los vínculos creados por las economías coloniales y neocoloniales, y en muchos casos los reclutamientos directos, preparan el escenario.

Mito 14

Los inmigrantes sólo vienen al país porque quieren disfrutar de nuestro alto estándar de vida

Es cierto que los inmigrantes vienen a los Estados Unidos porque el estándar de vida es mucho más alto que el de sus propios países. Pero la historia no termina ahí. Las principales naciones de donde proceden no son las más pobres del mundo, ni los inmigrantes son las personas más pobres. De hecho, los países más pobres, cuya mayoría se encuentra en África, han enviado sólo un pequeño número de migrantes a los Estados Unidos. Puerto Rico, el más próspero de Latinoamérica, ha remitido casi la mitad de su población a los Estados Unidos, mientras Bolivia, uno de los más pobres, ha enviado pocos. El mayor número de migrantes provienen de México, uno de los países con mejor posición económica en Latinoamérica.[1]

Cada migrante tiene razones particulares que lo impulsan a dejar su hogar y trasladarse a otro país. Pero las causas que determinan los patrones de la inmigración son estructurales e históricas. No hay una única causa. Hay, eso sí, muchos factores importantes interrelacionados que han estructurado a la inmigración en el pasado y continúan estructurándola hoy.

Usualmente los inmigrantes dicen que lo que los llevó a dejar sus países y mudarse a otros fueron factores de "expulsión y atracción". La pobreza, la falta de oportunidades y la inseguridad "explusan" a las personas hacia otros sitios; las oportunidades, las ofertas de trabajo, la educación y la seguridad las "atraen". Sin embargo, estas explicaciones realmente no son muy completas. No dan cuenta de por qué algunos lugares parecen caracterizarse por la pobreza, la falta de oportunidades y la inseguridad, mientras otros ofrecen oportunidades, trabajos, educación y seguridad. Tampoco explican por qué estas desigualdades siempre presentes entre regiones y países conllevan solo en algunas ocasiones a olas migratorias.

Las explicaciones más sofisticadas se enfocan en los patrones inmigratorios. Un análisis detallado de algunos casos específicos, con especial atención en Puerto Rico y las Filipinas, revela algunos de los factores que estructuraron las migraciones del siglo XX. Desde luego, los puertorriqueños han sido ciudadanos estadounidenses desde 1917. Por eso cuando hablamos de Puerto Rico no estamos hablando de una migración internacional. Pero los patrones de la migración puertorriqueña a territorio continental de los Estados Unidos iluminan lo que está sucediendo en otros lugares.

Los puertorriqueños no son el grupo más numeroso de latinoamericanos en el territorio continental de los Estados Unidos, pero en relación con tamaño de su población, la isla ha enviado, más que cualquier otro país, al grupo más grande de migrantes. Por ese motivo, este caso constituye un excelente punto de partida para investigar por qué la gente emigra.

Como sucede con la mayoría de las olas migratorias, los países de donde provienen los migrantes y los que los reciben —en este caso Puerto Rico y los Estados Unidos— tienen una larga y antigua relación. En 1898 los Estados Unidos ocuparon Puerto Rico, perteneciente hasta ese momento a España. Fue un botín de la Guerra Hispano-Americana y se mantuvo como colonia hasta 1952. A nivel mundial, es importante tener en cuenta este tipo de relaciones para comprender la migración. Las personas de la India y Pakistán emigran a Inglaterra; las de Senegal y Argelia, a Francia; las de Marruecos, a España; las de México y Puerto Rico, a los Estados Unidos. *La colonización prepara el escenario para futuras migraciones.* Por este motivo, Juan González tituló a su libro sobre los latinos en los Estados Unidos *The Harvest of Empire* (La cosecha del imperio): los imperios engendran la migración.

Las colonizaciones crean vínculos culturales. Traen a las personas de la metrópolis (la fuerza colonizadora) a las colonias y las ponen en una posición de poder mientras se destruyen las instituciones locales. (Puerto Rico ofrece una variación en este patrón general debido a que el país ya era una colonia en el momento de la intervención estadounidense, y no tenía un gobierno propio.) Las colonizaciones casi siempre crean estructuras de desigualdad cultural y racial, e imbuyen a las instituciones de la colonia la idea de "la carga del hombre blanco", es decir, que el hombre blanco europeo es culturalmente superior. En este sentido, la experiencia de Puerto Rico resulta típica.

El imperialismo cultural de los Estados Unidos en Puerto Rico se manifestó mediante una campaña para imponer el uso del inglés. El nombre de la isla fue oficialmente cambiado por "Porto Rico". El Comisionado de Educación de los Estados Unidos explicó en 1903 que "su lenguaje es un dialecto casi ininteligible para los nativos de Barcelona o Madrid. No posee literatura y tiene muy poco valor como medio intelectual. Hay una clara posibilidad de que sea tan sencillo educar a estas personas en inglés como en la elegante lengua de Castilla".[2]

La novela *Felices días, tío Sergio,* de Magali García Ramis, ofrece conmovedores ejemplos sobre el funcionamiento del imperialismo cultural. Describe cómo se crió en el seno de una familia de clase media a mediados del siglo pasado, con la cultura y la identidad puertorriqueñas sistemáticamente borradas y denegadas.

"No hay ningún puertorriqueño famoso porque en Puerto Rico no hay mucha cultura y esta isla es muy pequeña", le explica su hermano a Lidia, la narradora de la novela. "Ahora que somos un Estado Libre Asociado es que ha empezado a progresar Puerto Rico, pero como parte de los Estados Unidos".[3] A los niños se les repetía constantemente que "a los americanos había que admirarlos y quererlos más que a nadie, porque eran buenos, habían salvado al mundo del nazismo y ahora estaban en vías de salvarlo del comunismo. Además eran genios de la tecnología y el progreso. La represa que acabábamos de ver la habían diseñado los americanos y algunos puertorriqueños que estudiaron allá".[4]

En su adolescencia, Lidia desespera:

¿Por qué no tenemos nada de valor, tío? ¿Por qué no tenemos un solo artista de fama universal, un poeta, un pintor?... En *Vidas ilustres* han presentado decenas de hombres famosos del todo el mundo, de la India, de Argentina, de los Estados Unidos, de Suecia, de Francia, y nunca nadie de Puerto Rico. En las contraportadas de los diccionarios ponen todas las banderas del mundo, hasta la de la Cruz Roja Internacional, las de las colonias británicas, la de las Islas Vírgenes pero la nuestra no aparece porque no somos nada, ni país, ni colonia, ni mancomunidad como las británicas ni nada, no existimos. Somos una mierda y no quiero ser de aquí. [5]

Una enfermera filipina, una de las miles que fueron a trabajar a los hospitales estadounidenses, expresó un sentimiento parecido: "Lo que me gusta de los hospitales estadounidenses es que tenemos suficientes suministros y equipamientos. Tenemos catéteres… en las Filipinas hervíamos nuestras propias sondas rectales. Las reutilizábamos una y otra vez. Aquí en los Estados Unidos las usamos sólo una vez y luego nos deshacemos de ellas. Suministros, equipamiento, papeles, todo. No hay comparación. [En las Filipinas] todo estaba siempre limitado". [6] Los hospitales en la ciudad de Nueva York, al tratar de reclutar enfermeras filipinas, proyectaron una imagen similar de glorificación: "Nosotros los ayudaremos a cruzar el 'puente' desde donde están hasta donde quisieran estar… ¡la ciudad de Nueva York! No importa dónde se encuentren: su diploma de enfermería puede traerlas a Nueva York… ¡Imagínense! Vivir y trabajar en la ciudad más excitante de los Estados Unidos… ¡donde el mundo entero busca al mejor equipo médico!". [7]

El lamento de Lidia, como el de la enfermera filipina, revela lo que algunos llaman "la mentalidad del colonizado". Los poderes colonizadores proyectan una imagen de omnipotencia y superioridad y reiteran la inferioridad de los colonizados. ¿Acaso es de extrañar, entonces, que sueñen con dejar sus hogares y dirigirse a las metrópolis?

No sólo en Puerto Rico los Estados Unidos han proyectado con éxito su imagen de riqueza y omnipotencia. Muchos latinoamericanos se refieren a la actual conexión de sus países con los Estados Unidos como una dinámica *neocolonial*. Si bien los Estados Unidos no gobiernan sus países directamente, imponen su control económico, político y militar acudiendo a medios indirectos.

Las bases y las tropas estadounidenses se expanden a lo largo de todo el globo. Desde la segunda mitad del siglo pasado, unos 500,000 efectivos norteamericanos han sido desplegados alrededor del mundo, muchas veces sin permiso y visas de los países adonde van, lo cual los convierte, esencialmente, en inmigrantes ilegales.[8] En la década de los 80, en Honduras algunos oficiales acuñaron el sobrenombre "USS Honduras" para el país, una referencia a la abrumadora presencia de las tropas estadounidenses.[9] De acuerdo con Chalmers Johnson, esta "vasta red de bases estadounidenses en cada continente, exceptuando la Antártica, constituye en realidad una nueva forma de imperio", un "imperio de bases".[10]

El atractivo de los Estados Unidos como fuente de superabundancia y riqueza también se difunde mundialmente mediante películas, radio y televisión. El filme *El Norte* representa cómo las imágenes de los Estados Unidos se impregnan en una aldea indígena en las tierras altas de Guatemala, cuando una mujer del lugar recibe una copia de *Good Housekeeping* que una amiga suya le había enviado desde la capital donde estaba trabajando como empleada doméstica en la casa de un estadounidense. "¡Todos ahí tienen inodoros con cadena!", exclamaba con entusiasmo.

Los inmigrantes también perpetúan esa imagen, algunas veces deliberadamente y otras sin darse cuenta. Cuando amigos y familiares se sacrifican para enviar a alguien a los Estados Unidos, el migrante carga con la gran obligación de saldar la deuda. La antropóloga Sarah Mahler describe cómo en Long Island las personas de El Salvador responden a los sentimientos de culpabilidad y obligación que les afectan enviando a sus hogares historias exageradas de sus éxitos. Otro antropólogo, Roger Lancaster, describe la importancia de los dólares para los pobres nicaragüenses.[11]

Los turistas estadounidenses, a veces sin intención, también contribuyen a ello. Luego de pasar diez días en Cuba en un viaje de estudios, un alumno mío escribió: "A veces me encontraba tratando de convencerlos de la existencia de una gran población de los Estados Unidos económicamente marginalizada. Sin embargo, no importaba lo que les dijera: el hecho es que me percibían como una persona que había viajado fuera de su país, con una extravagante y nueva cámara, nuevas zapatillas; una persona que nunca había experimentado un corte de luz o escasez de agua y mucho menos sufrido hambre. En este aspecto yo era, simplemente, una prueba más de la opulencia de los Estados Unidos".[12]

Con el 4% de la población mundial, los Estados Unidos consumen el 22% de la electricidad del orbe, el 25% del petróleo y el 23% del gas natural.[13] No es de extrañar que las personas de otros países se queden atónitas ante nuestro nivel de consumo, sobre todo si son ellos los que producen lo que nosotros consumimos.

Las colonizaciones también conllevaron transformaciones económicas en las colonias que luego contribuyeron a la migración, en particular de las colonias hacia las metrópolis. Durante la era industrial, inaugurada a mediados del siglo XIX, las potencias coloniales utilizaban los territorios como fuentes de materias primas y mercados para sus productos manufacturados. Las colonias proveían productos agrícolas como azúcar, café, té, banano y tabaco, que servían para alimentar a la mano de obra en la metrópolis a bajo costo; también materias primas para las industrias, como estaño y cobre.

Para producirlas, las compañías y los gobiernos debían encontrar la manera de motivar o forzar a las poblaciones a abandonar sus granjas de subsistencia y pueblos para trabajar en plantaciones y minas. Los reclutadores de mano de obra utilizaron varios mecanismos de coerción para obtener trabajadores. Algunas veces, los pueblos eran destruidos cuando las plantaciones o las minas acaparaban o contaminaban la tierra. (Véase el epílogo para una descripción de un caso contemporáneo de este proceso.)

Ya sea de manera forzosa o voluntaria, el cambio de una producción de subsistencia al trabajo asalariado trajo consigo cambios fundamentales en la organización social. Las personas que antes producían la mayor parte de lo que consumían ahora producían para otros y utilizaban sus salarios para consumir los productos importados desde las metrópolis. Muchas veces la gente dejaba atrás sus pueblos y migraban a las plantaciones o a los centros urbanos para trabajar. Una vez que se deshace el tejido social de las vidas tradicionales de los pueblos, la migración a otro país también se vuelve una verdadera posibilidad.

Las corporaciones extranjeras, como los ejércitos, las bases militares y los turistas, tienden a traer una pequeña parte del Primer Mundo al Tercero. Veamos, por ejemplo, el contraste entre la mina de cobre de Tintaya y el resto del territorio de Perú en esta descripción de Dan Baum en *The New Yorker*.

El Producto Interno Bruto per cápita de Perú es menor que el de Namibia o el de la República Dominicana, pero la mina de cobre anglo-australiana de Tintaya es decididamente una operación del Primer Mundo. Alrededor del enorme hueco de esa mina a cielo abierto construyeron una impecable ciudad minúscula: casas de trabajadores bien arregladas y con flores delante, hogares con jardines, una capilla, un hotel, un hospital, un gimnasio y complejos de oficinas. Las normas de conducta se cumplen con la rigurosidad de una academia militar: no caminar por las calles, no cruzar las carreteras si no es por el cruce de peatones, no fumar; en todas partes se requiere usar camisetas naranjas y cascos protectores. La rectitud obsesiva de la mina, en el contexto de las planicies inhabitables de altos pastizales y de las montañas nevadas del sudeste de Perú, es tan anómala como una colonia de habitantes en la luna en una historia de ciencia ficción. Los ingenieros en Tintaya trabajan en cubículos, todos con el último modelo de IBM *ThinkPad* conectado a un monitor LCD de 19 pulgadas, con pizarrones cubiertos con gráficos inentendibles, parábolas y complicadas ecuaciones.

No es de extrañar que los peruanos empleados por la mina comiencen a pensar en emigrar. *The New Yorker* ofrece una reseña de un inmigrante de la región: "Aunque estaba contento en ese trabajo, Raúl ansiaba tener una vida tan ordenada como la de la mina, un país que financiara la educación y los parques, regulara la contaminación del aire y el ruido y supervisara sus propios legisladores".[14]

Desde mediados del siglo XIX los puertorriqueños han producido azúcar y café para los mercados estadounidenses e importado productos manufacturados de los Estados Unidos. Muchos emigraron de áreas rurales a urbanas debido a las políticas coloniales. En fecha tan temprana como 1920, los fabricantes norteamericanos comenzaron a experimentar con el envío de una parte de su proceso de producción a Puerto Rico. Las mujeres, tanto en las fábricas como en sus propias casas, cocían y bordaban pañuelos y prendas de ropa que luego volvían a los mercados estadounidenses.

Las relaciones coloniales drenan invariablemente los recursos de las colonias hacia la metrópolis. Los colonizados ven cómo se deteriora su tierra natal y cómo las potencias coloniales se enriquecen y aumentan su poder. El atractivo es ineludible.

Pero como la mayor parte de las colonias, Puerto Rico era pobre y con falta de oportunidades mucho tiempo antes de que comenzaran las grandes olas inmigratorias hacia el territorio continental de los Estados Unidos. En la década de los 40, dos fenómenos interrelacionados entre sí convirtieron a la duradera y antigua relación de desigualdad entre los dos países en una causa de la inmigración masiva.

Por un lado se inició la operación "Manos a la Obra", abordada con más profundidad en la Primera Sección de este libro. Las inversiones estadounidenses habían estado fluyendo hacia Puerto Rico durante muchas décadas, pero esta operación era algo nuevo. Hasta ese momento, las potencias coloniales habían utilizado sus colonias para respaldar la industrialización de la metrópolis. Ahora comenzaron a aprovecharse de la mano de obra de la colonia para *desindustrializar* a la metrópolis.

Por otro, el reclutamiento: a los puertorriqueños se les reclutó para llenar las vacantes en el sector agrícola en el nordeste de Estados Unidos porque muchos trabajadores locales habían sido enviados a la guerra. También se les reclutaba para trabajar por bajos salarios en las industrias del territorio continental que intentaban competir con las que ya habían comenzado a abrir sus ramas en el exterior, sobre todo las industrias de confección de ropa en Nueva York. En la medida en que la economía global creaba más oportunidades para obtener ganancias, las compañías sacaban provecho de cualquier forma posible.

La migración de los puertorriqueños hacia el continente, entonces, no fue sólo el resultado de que en los Estados Unidos hubiera más riquezas y salarios más altos. La relación dinámica entre los dos países dio comienzo al proceso migratorio. Los altos salarios no constituían un atractivo suficiente hasta que a los puertorriqueños se les desconectó totalmente de su economía de subsistencia. En el momento en que los reclutadores llegaron al país y en que las personas comenzaron a trabajar para las industrias estadounidenses, la posibilidad de mudarse al continente para laborar en una empresa norteamericana se volvió real.

De nuevo, García Ramis capta en su novela los hilos culturales y económicos que la operación "Manos a la Obra" entretejió y que llevaron a la migración: "Eran los tiempos de esperanzas que todavía olían a nuevo. Eran años de cercenar montes de barro rojo para construir urbanizaciones, de abrir caminos de bitumul en cada monte verde, de florecer el cemento y los hoteles, de inaugurar represas y estaciones de electricidad y de esperar en el aeropuerto nuevo, que un día sería internacional, la llegada de americanos trajeados de gris tornasolado".[15]

Como explica Douglas Massey, en el caso de México:

> No es de extrañar que constituya el más grande proveedor de inmigrantes en los Estados Unidos. Además de compartir la frontera, fue invadido dos veces por tropas estadounidenses en el siglo XX (en 1914 y 1917), ha sido el blanco de dos programas de reclutamiento de mano de obra patrocinados por el gobierno de los Estados Unidos (entre 1917-18 y 1942-64), y desde 1986, por insistencia estadounidense, ha asumido una transformación radical en su economía política y tomado un lugar en el mercado global. Asimismo, desde 1994 ha estado vinculado a los Estados Unidos a través del NAFTA, un tratado económico integral que en la actualidad genera 250 billones de dólares anuales en negocios binacionales. En esas circunstancias, la migración entre los dos países es inevitable, si bien México está en buena posición económica en comparación con otros países del Tercer Mundo.[16]

Cuando la gente pregunta: "¿por qué las personas migran?", usualmente es porque consideran que la migración es algo negativo y quieren saber cómo frenarla. La explicación aquí propuesta no tiene la intención de implicar un juicio de valor. Pero intentamos ubicarla en su contexto histórico y enfocarla como parte de un gran sistema global. Los ciudadanos que han perdido su empleo debido a la reestructuración económica global, así como los inmigrantes que han venido a los Estados Unidos a ocupar los puestos de trabajo en el mercado laboral secundario, forman parte de un sistema mucho más extenso. Las migraciones constituyen el resultado, no la causa, de estos cambios económicos globales.

Estudio de caso
República de Filipinas

Puerto Rico y las Filipinas son dos de las áreas que han enviado la proporción más alta de su población a los Estados Unidos. Los paralelos en sus historias pueden ayudar a explicar por qué ha sucedido.

Puerto Rico, con alrededor de 4 millones de migrantes, y las Filipinas, con alrededor de 1.7 millones, representan después de México —país con una población mucho más grande— las mayores fuentes de inmigración en los Estados Unidos. (Para el 2008 había más de 11 millones de mexicanos en los Estados Unidos, y cerca de 1.5 millones de chinos e indios, países mucho mas grandes).

Como Puerto Rico, las Filipinas eran una colonia española codiciada por los Estados Unidos hasta 1898. "Cuba tiene un notorio homólogo en el Lejano Oriente", expresó el ministro estadounidense en Siam en 1897. Los nativos son "gentiles, corteses y hospitalarios", y a su vez no "ambiciosos": "tan sólo 35 dólares pueden proveer a un hombre con abundante comida y ropa para un año". Asimismo, "si bien son un tanto perezosos, como todas las personas del trópico, resultan extremadamente aficionados al entretenimiento".[1]

Quizás la población era pobre, pero la tierra rica. "En cuanto a la riqueza material, las Filipinas son magníficamente dichosas. El cáñamo, el azúcar y el tabaco son tres productos que traen enormes beneficios, y el café pronto les hará competencia también". El comercio internacional fue evaluado en 35 millones de dólares el año anterior.[2] "La prodigalidad de la naturaleza impresiona al viajero dondequiera que vaya".[3]

Casi todo el mundo en los Estados Unidos conoce la Guerra Hispano-Americana. Esta guerra se llevó a cabo, claro, en Cuba y los cubanos suelen ver como un ejemplo más de arrogancia imperialista que su participación se ignore. De hecho, los cubanos lucharon durante varias décadas por su independencia de España antes de que intervinieran los Estados Unidos en 1898.

El Tratado de París, que finalizó la guerra, cedió a los Estados Unidos no solamente Cuba, sino también otros antiguos territorios insulares de España: Puerto Rico, Guam y las Filipinas. Los primeros consintieron pacíficamente en transferir el poder, pero el movimiento por la independencia de Filipinas respondió al intento combatiendo. La guerra entre los Estados Unidos y las Filipinas no llegó a los libros de historia, ni siquiera tiene un nombre oficial. Pero fue la primera guerra de guerrillas y la primera guerra asiática en la que se involucraron los Estados Unidos. Murieron más personas que en la Hispano-Americana. Duró mucho más tiempo.

En el contexto de la guerra de los Estados Unidos contra las Filipinas, en *McClure's Magazine* (febrero de 1899) Rudyard Kipling publicó su conocido poema "*The White Man's Burden*" (La carga del hombre blanco) defendiendo la empresa colonial. La "carga" era la obligación racial de conquistar —para el beneficio de los filipinos, claro: "Envía lo mejor de tu especie", escribió Kipling. "Ata a tus hijos al exilio /para servir las necesidades de tus cautivos". Los conquistados se encontraban notoriamente desagradecidos por los sacrificios que estaban realizando los blancos para su propio beneficio: "tus gentes hoscas, recién capturadas, / mitad demonios, mitad niños", usualmente le daban al hombre blanco su "antigua recompensa": "la culpa de aquellos a quienes mejoras, / el odio de aquellos a quienes guardas". Aun así, su inherente superioridad le dio al hombre blanco la tarea de gobernar a otros, incluso en contra de su voluntad.[4]

En el sur de los Estados Unidos, un crítico del orden racial de esos tiempos, el reverendo Quincy Ewing, de Mississippi, analizó la conexión entre el racismo doméstico y la expansión extranjera en el poema aludido:

Los estados del norte aplauden la política de disparar a los débiles hombres morenos de las distantes islas para civilizarlos, o aun para "salvar sus almas". Inevitablemente, esto plantará semillas de frutas amargas para los hombres negros de los estados del sur de este país, y muy probablemente en todos los demás también. No puedo creer que esté confundido al suponer que el espíritu de linchamiento se ha vuelto llamativamente atrevido y autocomplaciente en los estados del norte y el oeste, así como en los del sur de la Unión, desde que la musa ronca y brutal de Rudyard Kipling empezara a cantar las políticas y los propósitos de la nación. Si los millones de hombres morenos a lo largo de las miles de millas de mar son la carga de la nación blanca — y son tratados como una carga—, ¿por qué no podrían los hombres blancos de los estados del sur considerar a los hombres negros, a quienes no los separa ningún mar, como una carga, para ser tratados como tal y no como hombres?[5]

Las caricaturas de la prensa de la época utilizaron profusamente imágenes racistas de hombres negros sureños para representar a los habitantes de Cuba, Puerto Rico y las Filipinas. Los soldados estadounidenses "comúnmente se referían a los filipinos como 'negros'".[6]

Como proclamó el senador Alfred Beveridge en 1898: "¿Por qué sería más difícil administrar Hawai que Nuevo México o California? Estos últimos también tenían una población salvaje y extranjera, y se encontraban geográficamente alejados de la sede de nuestro gobierno cuando cayeron bajo nuestro dominio; lo mismo sucede hoy en día con las Filipinas". La gente colonizada debía ser gobernada. A los oponentes que ponían en duda la legitimidad anglosajona para gobernar a otros, Alfred Beveridge les respondía: "Si gobernamos a los indios sin su consentimiento, gobernaremos nuestros territorios sin su consentimiento".[7]

Otros utilizaron la misma comparación entre antiguos y nuevos colonialismos para oponerse a la anexión. Algunos segregacionistas sureños, como Benjamin Tillman, podían también ser antiimperialistas. Tillman se refirió al poema de Kipling cuando le explicó al Senado, en 1899, por qué los demócratas sureños habían votado abrumadoramente contra el tratado:

No fue porque somos demócratas, sino porque entendemos y nos damos cuenta de lo que significa tener a dos razas, una al lado de la otra, que no pueden mezclarse o unirse sin sufrir deterioro o injuria a ambas, y luego la destrucción final de la civilización superior. Nosotros los del sur hemos sufrido esta carga del hombre blanco, tener entre nosotros a una raza de color desde la emancipación y mucho antes.

Eran una carga para nuestra sociedad madura y para nuestras ideas de libertad desde mucho antes de que se emanciparan. Son aún una carga, aunque se les haya otorgado la libertad (…). No somos responsables porque hemos heredado esta carga; vuestros padres, como los nuestros, son los responsables de la presencia de esa gente entre nosotros. ¿Por qué nosotros, como raza, estaríamos interesados en incorporar a nuestra ciudadanía a diez millones más de tres o cuatro razas diferentes?[8]

Aun así, como indicó el periodista y diplomático John Barrett en *North American Review*, las Filipinas eran "una de las oportunidades todavía sin explotar más grandes en todo el globo: un grupo de islas con un número infinito de riquezas y recursos, capaces de proveer un mercado para una gran cantidad de nuestros productos manufacturados".[9]

Hasta 1898, todos los territorios adquiridos por los Estados Unidos cayeron bajo la Ordenanza Noroeste de 1787 —fueron incorporados con la idea de que, a la larga, se reconocerían como estados. La presencia de grandes poblaciones no blancas en Cuba, Puerto Rico y las Filipinas preocupaba hasta al más ardiente imperialista. En 1901, la Corte Suprema resolvió el problema al crear la categoría "territorio no incorporado", lo cual permitió a los Estados Unidos poseer y controlar los territorios sin tener que extenderles derechos constitucionales. "Mientras en un sentido internacional, Porto Rico no era un país extranjero debido a que se encontraba bajo la soberanía de los Estados Unidos y era poseído por ellos, era un país extranjero para los Estados Unidos en un sentido doméstico", estableció la Corte.[10]

"No venimos como invasores o conquistadores, sino como amigos", dijo el presidente McKinley al anunciar la soberanía de los Estados Unidos sobre las Filipinas. Declaró que todo el que cooperara "recibiría la recompensa del respaldo y protección de los Estados Unidos. Los demás serán llevados ante la ley que hemos asumido, y con firmeza si es necesario".[11]

Asimismo, en una proclamación ante la gente de Puerto Rico después de ocupar su país en julio de 1898, el general estadounidense Nelson Miles insistió en la benevolencia de la empresa:

> Como consecuencia de la guerra que trae empeñada contra España el pueblo de los Estados Unidos por la causa de la Libertad, la Justicia y la Humanidad, sus fuerzas militares han venido a ocupar la isla de Puerto Rico. Vienen ellas ostentando el estandarte de la Libertad, inspiradas en el noble propósito de buscar a los enemigos de nuestro país y del vuestro, y de destruir o capturar a todos que resistan en las armas. Os traen ellas el apoyo armado de una nación de pueblo libre, cuyo gran poderío descansa en su justicia y humanidad para todos aquellos que viven bajo su protección y amparo. Por esta razón, el primer efecto de esta ocupación será el cambio inmediato de vuestras antiguas formas políticas, esperando, pues, que aceptéis con júbilo el gobierno de los Estados Unidos.
>
> El principal propósito de las fuerzas militares americanas será abolir la autoridad armada de España y dar al pueblo de esta hermosa isla la mayor suma de libertades compatibles con esta ocupación militar.
>
> No hemos venido a hacer la guerra contra el pueblo de un país durante algunos siglos oprimido, sino por el contrario a traeros protección, no sólo a vosotros, sino también a vuestras propiedades, promoviendo vuestra prosperidad y derramando sobre vosotros las garantías y bendiciones de las instituciones de nuestro gobierno. No tenemos el propósito de intervenir en las leyes y costumbres existentes que fueran sanas y beneficiosas para vuestro pueblo siempre que se ajusten a los principios de la administración militar, del orden y de la justicia.
>
> Esta no es una guerra de devastación, sino una que proporcionará a todos, con sus fuerzas navales y militares, las ventajas y prosperidad de la esplendorosa civilización.[12]

Para los habitantes de estos territorios, una nueva categoría también debía ser inventada: "nacional de los Estados Unidos": ni ciudadano ni extranjero. No tenían ningún derecho político, pero sí el de viajar a territorio continental norteamericano.[13] Algunos protestaron: debido a que eran racialmente inelegibles para la ciudadanía, los filipinos debían ser excluidos con las mismas leyes que prohibían a otros asiáticos entrar a los Estados Unidos. El Congreso, sin embargo, insistió que no se podía prohibir su entrada siempre y cuando su país fuera territorio estadounidense.

Las plantaciones de azúcar en Hawai reclutaron e importaron trabajadores filipinos y puertorriqueños aprovechándose de su estatus de "nacionales". Las compañías azucareras habían importado más de 200 mil trabajadores de Japón, China, Portugal y Puerto Rico en las postrimerías del siglo XIX, antes de que las islas estuvieran sujetas a las leyes de inmigración estadounidenses. Sin embargo cuando Hawai fue anexada, en 1898, se volvieron hacia las Filipinas. Desde 1909 hasta 1929, unos 120,000 filipinos fueron trasladados a Hawai para trabajar en las plantaciones.[14] Muchos siguieron a los reclutadores a los campos de California. El Censo de 1930 reveló que 45,000 filipinos vivían allí y otros 63,000 en Hawai.[15]

El abogado Madison Grant, uno de los fundadores del movimiento racista eugenésico y "científico" en los Estados Unidos a principios del siglo XX (y mencionado como una de los inspiradores de las políticas eugenésicas nazis), escribió: "El enjambre de filipinos en los en los estados del Pacífico es una repetición del problema con los chinos de hace seis años. El gobierno de California está decidido a no permitir que los hombres blancos sean reemplazados por chinos, japoneses, mexicanos o filipinos".[16] Desde el punto de vista de los científicos racistas, el destino del hombre blanco era "reemplazar" a las personas de color, nunca ser "reemplazados". Quizás en el centro de estas manifestaciones de exclusión racial se encuentre el pecado original: el hecho de que el país se fundó y expandió reemplazando a sus habitantes originales. Para justificar el reemplazo original, el derecho del hombre blanco a expandirse y la fatalidad de la gente de color de desaparecer debían de ser constantemente reiterados y reconstruidos.

En 1934 la Ley de Independencia Filipina convirtió al país en una mancomunidad —otro estatus inventado— e inició un proceso de diez años que finalizaría al alcanzar la independencia.[17] Haciéndose eco del argumento de Samuel Gompers contra la anexión de las Filipinas tres décadas antes, Madison Grant escribió: "como garantía del bienestar de nuestra raza, tal vez sea necesario otorgar a las Filipinas su independencia".[18]

Sin más discusión, los filipinos se volvieron "extranjeros" y perdieron el derecho de entrar a los Estados Unidos. Los ciudadanos estadouni-

denses mantuvieron su derecho de ingresar a las Filipinas y de ser tratados como ciudadanos plenos.[19] A los 60,000 filipinos instalados en los
Estados Unidos, en su mayoría trabajadores agrícolas en California, se
les ofrecieron varios incentivos para repatriarles. Muy pocos se interesa-
ron en la oferta, sobre todo porque significaba renunciar a su derecho
de regresar a los Estados Unidos.

Una ley californiana del siglo XIX contra el mestizaje prohibía el matrimonio entre blancos y "negros, mulatos y mongoles".[20] Esta legislación la ratificó la Corte Suprema de los Estados Unidos en 1883. Hacia
la década de los 20, treinta y ocho estados ya tenían leyes contra el mestizaje. Dieciséis todavía prohibían el matrimonio interracial cuando la
Corte dejó sin efecto esa ley en 1967. Alabama no la revocó sino hasta
el 2000 y aún entonces el 40% de los votantes querían mantenerla.[21]

Sin embargo, la ley no especificaba si los filipinos eran "mongoles"
o "malayos". En 1933 la Corte Suprema de Los Ángeles le permitió a
un filipino casarse con una blanca, urgiendo al mismo tiempo a la legislatura estatal a enmendar la ley para que pudieran incluirse los filipinos.
La legislatura lo hizo más adelante ese mismo año, incluyendo "a los
miembros de la raza malaya" entre las personas a las que se les prohibía
casarse con caucásicos/as.[22]

"La raza dominante del país tiene perfectamente el derecho de excluir a todas las demás de los derechos de que disfrutan sus propios
miembros", explicó un juez durante un caso a fines de la década de los
20, que denegó el derecho a un filipino de casarse con una caucásica.[23]
"Estoy bastante satisfecho con mi propia conciencia", escribió otro juez
en otro caso en California en 1930: "Los filipinos son malayos y los malayos son mongoles, tanto como los blancos estadounidenses son de la
raza teutónica, de la familia teutónica, o de la familia nórdica, remon-
tándose hasta la familia aria. Por lo tanto, es mi opinión que, conforme
al Código de California, el matrimonio interracial entre un filipino y una
caucásica será nulo".[24]

Aun cuando las puertas de exclusión se cerraban para los filipinos, las
semillas de una futura ola inmigratoria estaban en proceso siembra por
parte del sistema colonial estadounidense. Un componente de las políticas
imperiales de los Estados Unidos, tanto en el Caribe como en el Pacífico,

consistió en establecer una infraestructura para el cuidado de la salud y la sanidad pública. Respaldaba la ideología de la redención anglosajona para las personas atrasadas y, convenientemente, también hacía del trópico un lugar seguro para el establecimiento de los blancos.[25] Durante la década de los 20, el gobierno norteamericano y el Consejo Internacional de Salud de la Fundación Rockefeller crearon un programa de educación para la capacitación en enfermería en las Filipinas a partir del modelo estadounidense. El idioma utilizado durante las clases era el inglés.

Cuando la independencia filipina se obtuvo finalmente en 1946 (retrasada por la Segunda Guerra Mundial), fue matizada por la Ley Bell, que estipuló un "libre comercio" desigual: los productos estadounidenses podrían ingresar en las Filipinas en cantidades ilimitadas, sin impuestos de aduana, mientras los productos filipinos estarían sujetos a cuotas para entrar a los Estados Unidos. A los ciudadanos y corporaciones estadounidenses también se les garantizarían privilegios en las inversiones en el país. Finalmente, los Estados Unidos controlarían el tipo de cambio de moneda y mantendrían la soberanía total sobre las veintitrés instalaciones militares allí construidas.[26]

Desde luego, durante años los filipinos habían estado trabajando para los empleadores estadounidenses: en las plantaciones de azúcar, como soldados en el ejército de Estados Unidos, en las bases estadounidenses que de forma directa emplearon a 70,000 filipinos en la década de los 80.[27] La independencia sólo reforzó las desiguales relaciones económicas y culturales que contribuyeron a la ola migratoria.

Una generación de enfermeras filipinas se encontraba lista para aprovechar la oportunidad creada en 1948, cuando los Estados Unidos lanzaron el *Exchange Visitors Program* (Programa de Intercambio de Visitantes) para traerlas a estudios de posgrado en hospitales norteamericanos.[28] Las aerolíneas y agencias de viajes se encargaron entusiastamente de promocionar el programa.[29]

La idea era que después de un tiempo las enfermeras volvieran a sus hogares para llevar lo aprendido. Pero un déficit de la profesión en los Estados Unidos, al punto de transformarse en una crisis de enormes proporciones, llevó a los hospitales a reclutar a las estudiantes y otorgarles permisos de residencia y de trabajo para quedarse. Entre 1948 y

1973, 12,000 enfermeras filipinas vinieron a los Estados Unidos a estudiar; muchas se quedaron y se hicieron ciudadanas.[30] En 1965 la nueva Ley de Inmigración agregó incentivos al categorizarlas como trabajadores elegibles para visas de preferencia; los hospitales y agencias de viajes aumentaron sus esfuerzos de reclutamiento.[31] (Entre 1950 y comienzos de 1980, otros 17,000 filipinos fueron traídos a los Estados Unidos para recibir entrenamiento militar.[32] Hacia 1970, 14,000 servían en el ejército de los Estados Unidos, un número mayor que el propio ejército filipino.)[33] Hacia 1989, el 73% de las enfermeras extranjeras provenían de las Filipinas. Trabajaban principalmente en enormes hospitales públicos en las grandes urbes. En la ciudad de Nueva York, el 18% de las enfermeras registradas eran de esa nacionalidad.[34]

Hacia el 2005, los hospitales reportaban que el siempre creciente déficit de enfermeras había alcanzado los 118,000.[35] En el 2009 varios analistas predijeron que para el 2025 el déficit alcanzaría 260,000. El "déficit de enfermeras" se debía a dos fenómenos interrelacionados. En primer lugar, los bajos sueldos y las pobres condiciones laborales constituían dos de las características de la profesión, como en los empleos domésticos y agrícolas. No es extraño que las personas con otras oportunidades tendieran a evitar esos trabajos onerosos. Los empleadores, entonces, no podían cubrir estos puestos y el gobierno los ayudaba a importar trabajadores con menos opciones.

En segundo, el sector de la salud sufrió una reestructuración durante el período posterior a 1965. Los trabajadores norteamericanos habían comenzado a obtener planes de salud mediante sus empleadores aun antes de ese año. Los programas públicos como Medicare y Medicaid aumentaron el acceso al cuidado de la salud en la década de los 60. El cambio de médicos privados a organizaciones para el mantenimiento de la salud y hospitales durante las décadas de los 80 y 90 incrementó más todavía la demanda de enfermeras. Los recortes del gobierno y las presiones de los empleadores obligaron a los proveedores del cuidado de la salud a reducir sus costos. Por consiguiente, la demanda de enfermeras aumentó, pero las condiciones laborales se mantuvieron pobres.[36]

Al igual que con el sector agrícola, el gobierno de los Estados Unidos ha facilitado enormemente el continuo flujo de enfermeras extranjeras.

Algunas cumplen con las condiciones para obtener visas de inmigrante porque el Departamento de Trabajo ha mantenido a la enfermería en la lista de profesiones que requieren trabajadores extranjeros; otras vienen con visas temporales de trabajo. Sucesivas revisiones de la ley han permitido el ingreso a más enfermeras y facilitado la posibilidad de quedarse.[37] La Asociación Americana de Hospitales (*American Hospital Association*) comenzó a reclutar a gran escala personal en el extranjero, especialmente en las Filipinas, pero también en China y la India. En el 2005, el Congreso autorizó 50,000 visas adicionales para enfermeras porque la demanda excedía ampliamente las 12,000 a 14,000 autorizadas hasta entonces.[38]

Cuando empezó a decaer el mercado laboral general en los Estados Unidos, más ciudadanos comenzaron a considerar la enfermería como una carrera potencial, a pesar de sus pobres condiciones laborales. Las solicitudes de inscripción para las escuelas de enfermería alcanzaron niveles altísimos. Hacia el 2005 rechazaban a 150,000 personas por año aun cuando cumplían los requisitos, porque no tenían suficientes cupos. Y tampoco podían expandirse porque en la enseñanza de enfermería los salarios eran aún más bajos que los de las enfermeras. Dada la demanda, las escuelas no podían atraer docentes.[39]

Los Estados Unidos no eran el único país rico que enfrentaban el déficit en el cuidado de la salud descrito por Arlie Hochschild y Bárbara Ehrenreich (véase el Mito 2 sobre inmigrantes y bajos salarios). La capacitación de enfermeras para trabajar en el extranjero se convirtió en una de las principales industrias en las Filipinas. Hacia el 2000, más de 150,000 enfermeras de ese país habían sido empleadas en el Reino Unido, Canadá, Australia, Nueva Zelandia y el Medio Oriente.[40]

Mientras el Congreso debatía nuevas legislaciones inmigratorias en el 2006, la Asociación Americana de Hospitales presionaba para permitir el ingreso ilimitado de enfermeras extranjeras. La propuesta del Senado incluyó esta provisión; la de la Cámara de Representantes, no.[41]

Para las Filipinas y otros países pobres, la fuga de enfermeras hacia el Primer Mundo ha tenido efectos contradictorios. Allí a una enfermera recién graduada se le pagan 2,000 dólares anuales; en los Estados Unidos, 36,000.[42] Los filipinos que trabajan fuera envían a sus hogares billones de dólares en remesas anuales, más del 10% del Producto Interno Bruto (PIB) del país.[43]

Por otro lado, como escribió *The New York Times*, "el cuidado de la salud en las Filipinas se ha deteriorado, ya que miles de enfermeras se han mudado al exterior. De acuerdo con investigadores filipinos, miles de doctores con salarios muy bajos han abandonado sus profesiones para volverse enfermeros. 'Los filipinos sufrirán porque los Estados Unidos se llevarán a todos nuestros enfermeros y enfermeras entrenados', dijo George Cordero, presidente de la Asociación Filipina de Enfermería. 'Pero ¿qué podemos hacer?'". Un ex director de Instituto Nacional de Salud de las Filipinas estimó que el 80% de los doctores habían cambiado o se encontraban en proceso de cambiar su profesión. "Ruego justicia", le dijo al *Times*. "Tiene que ser 'dar y recibir', no solamente recibir, recibir y recibir, como hacen los Estados Unidos".[44]

Los hechos aquí descritos ayudan a explicar por qué tanto las Filipinas como Puerto Rico envían una proporción tan extraordinariamente alta de su población a los Estados Unidos. También revelan un patrón muy expandido. El colonialismo genera un sistema en el que las personas colonizadas trabajan para los que las colonizan. El sistema no desaparece cuando termina el colonialismo directo: evoluciona y se desarrolla. El colonizador continúa utilizando a los colonizados como trabajadores baratos, lo cual conlleva a reforzar las relaciones económicas desiguales. La inmigración es, simplemente, una pieza de este rompecabezas mayor, y se engrana con todas las demás.

Quinta Parte
El debate en el nuevo milenio

El debate sobre la inmigración se ha tornado crecientemente cáustico durante los primeros años del nuevo milenio. Comentaristas y políticos exigen una solución a la "crisis" de la inmigración. Cuanto más hablan del tema, la gente más parece preocuparse. Al escuchar tantas voces influyentes y bien posicionadas, se comienza a creer que, efectivamente, se trata de un asunto crítico. Sin embargo, necesitamos ponerle freno y pensar qué es exactamente lo peligroso en cuanto a la inmigración, por qué se convierte en una crisis.

Para muchos estadounidenses hay, de hecho, una crisis. Una crisis profunda, manifiesta en el empeoramiento de los trabajos y las condiciones laborales, el deterioro de los servicios públicos y la falta de seguros médicos. Es también una crisis económica. Se trata, además, de una crisis que beneficia a un sector de la sociedad: a los muy ricos. Y que tiene muy poco que ver con la inmigración.

También hay otra crisis: la de seguridad nacional. Los estadounidenses están siendo enviados a luchar en guerras muy lejanas, y como las "gentes hoscas recién capturadas" de Rudyard Kipling, las poblaciones en Iraq y Afganistán no parecen muy agradecidas por los sacrificios de esas tropas. Al contrario: las personas que hemos invadido parecen tener la intención de echar de su tierra o matar a sus presuntos salvadores. Mientras tanto, aumentan la sensación de enfado contra los Estados Unidos y sus políticas, así como las amenazas de ataque.

Y también está la crisis del calentamiento global y las predicciones de los científicos: si continuamos con el actual nivel de consumo, nuestro hogar compartido, la Tierra, se volverá inhabitable en el futuro inmediato.

Con tantas crisis reales, ¿por qué hay tanta atención nacional sobre el tema de la inmigración? Tal vez comentaristas y políticos, que gastan tanta energía incitando el temor a la inmigración, están tratando de distraer nuestra mirada de otros problemas más apremiantes, tanto nacionales como globales.

El público estadounidense se opone a la inmigración y esto se refleja en el debate en el Congreso

Las principales corrientes políticas de demócratas y republicanos en los Estados Unidos comparten una amplia serie de valores y creencias. En el espectro de opinión global, ocupan espacios bastante parecidos. Tanto demócratas como republicanos han ayudado a orquestar y respaldado el orden económico global y doméstico emergido desde los años 70. A grandes rasgos, esto incluye más privatizaciones, la disminución de la regulación estatal de las industrias, los recortes en los servicios gubernamentales y una agenda de libre comercio que ha obligado a otros gobiernos —sobre todo a los del Tercer Mundo— a seguir de manera extrema las mismas políticas.

En lo doméstico, este proceso se ha sustentado en la retirada del papel redistributivo del gobierno desde mediados del pasado siglo, reflejado en el New Deal de la administración Roosevelt y en la legislación de los años 60 conocida como "Guerra contra la Pobreza" (*War on Poverty*). Si bien estos programas se asocian correctamente con el Partido Demócrata, en las postrimerías del XX y comienzos del XXI los demócratas a nivel nacional se han alejado de la orientación hacia el bienestar social seguida por sus predecesores.

En lo internacional, al nuevo consenso se le denomina —a veces de forma un tanto imprecisa— "globalización". La filosofía que la sustenta puede apreciarse en el programa económico de la Escuela de Chicago, implementado en Chile durante los años 70, en los programas para el Tercer Mundo conocidos como Programas de Ajuste Estructural (*Structural Adjustment Programs*) bajo la dirección del Banco Mundial y el Fondo Monetario Internacional en los 80, así como en el denominado Consenso de Washington (*Washington Consensus*). Fueron las recetas concebidas para las economías latinoamericanas y de otros países tercermundistas en los años 90.

Si bien tienen diferentes nombres, estas políticas abarcan principios similares, a veces también llamados neoliberales porque se sustentan en algunos aspectos de las ideas económicas liberales del siglo XIX (aunque, por cierto, son muy diferentes de lo que generalmente los estadounidenses de hoy conciben como "liberal"). Los principios que comparten son, básicamente, los siguientes: recortar los gastos del gobierno para el bienestar social, incluyendo salud y educación; alentar las exportaciones mediante la devaluación de la moneda y eliminar controles sobre divisas y aranceles; suprimir los subsidios gubernamentales a los programas para los pobres; abolir los controles sobre los precios; privatizar las empresas estatales; crear incentivos para los inversionistas extranjeros; desregular las industrias y proteger los derechos de propiedad.

En otras palabras, los gobiernos en el Tercer Mundo deberían crear las condiciones óptimas para atraer a los inversionistas extranjeros con la esperanza de que conlleve a un desarrollo económico que eventualmente beneficie a los pobres. En los Estados Unidos este tipo de políticas de ajuste a veces se denominan *Reaganomics* o, metafóricamente, la "teoría del derrame" *(trickle-down economics)*. Al ofrecerle a los ricos mayores posibilidades de incrementar su fortuna, los pobres terminarán eventualmente recibiendo algunas gotas de los beneficios.

Antes de la década de los 70, la mayoría de los países latinoamericanos seguían un camino muy diferente, un poco más parecido al New Deal de Roosevelt. Las políticas de la primera mitad del siglo se diferenciaban del New Deal porque por lo general los países latinoamericanos tenían un bajo nivel de industrialización, y se enfatizaba mucho en la industrialización subvencionada por el Estado. Pero, a su vez, eran similares al New Deal debido a que el gobierno suministraba fondos para proveer servicios y empleos para la clase trabajadora, y a que se implementaban políticas fiscales para respaldar el desarrollo local y no incentivar las inversiones extranjeras.

Los más recientes ejemplos del modelo neoliberal son el Tratado de Libre Comercio que los Estados Unidos firmaron con México y Canadá en 1994 (NAFTA), y otro con la República Dominicana y Centroamérica (CAFTA-DR). Los Estados Unidos también han estado presionando para que se apruebe el Área de Libre Comercio de las Américas (ALCA), que desplegaría la misma agenda por el continente entero. A partir del año 2000, sin embargo, la elección de gobiernos de izquierda en Venezuela, Brasil, Argentina, Bolivia, Ecuador, Uruguay, Paraguay y otros países ha descarrilado la ejecución de ALCA.

Las políticas neoliberales han tenido efectos muy profundos sobre las poblaciones y estructuras sociales de los países latinoamericanos. Las condiciones de vida de los pobres, que dependían del subsidio de los servicios y de los bienes básicos, así como del control de los precios, cayeron en picada cuando se desmanteló su red de seguridad. El libre comercio también resultó desastroso para los pequeños agricultores o campesinos: no podían competir con el sector agropecuario altamente mecanizado y subsidiado en los Estados Unidos, cuyos productos empezaron a acaparar los mercados nacionales. Mientras asesores y prestamistas estadounidenses insistían a los países latinoamericanos poner fin a los subsidios estatales para el sector agropecuario, la agroindustria norteamericana continuaba recibiendo subsidios y beneficios del gobierno.

Los campesinos que abandonaron sus tierras para instalarse en las ciudades superpobladas se encontraron con que los servicios sociales y los beneficios se estaban desvaneciendo. Las nuevas industrias maquiladoras contrataban algunas personas, pero mucho menos de las que se esperaba, y en general no pagaban un salario que cubriera las necesidades básicas. Por otra parte, las protestas populares se reprimían cada vez más fuertemente. Las políticas de libre mercado pueden asociarse con la democracia en los Estados Unidos y otros países industrializados, pero en el Tercer Mundo se relacionan más comúnmente con la desaparición de los derechos democráticos, como sucedió en Chile durante el gobierno del general Augusto Pinochet.

Esta es la complejidad de factores —impulsados tanto por las administraciones demócratas como por las republicanas— que derivaron en el incremento de la emigración latinoamericana a finales del siglo XX. Al mismo tiempo, tanto las administraciones demócratas como republicanas implementaron en lo doméstico una versión del neoliberalismo. Reformas en las políticas del bienestar, privatizaciones, recortes en los servicios sociales, la salud y la educación, ataques contra los sindicatos, desregulaciones: todo esto también sucedía en los Estados Unidos y contribuía a ensanchar la brecha entre ricos y pobres.

A pesar de esos importantes puntos de concordancia entre demócratas y republicanos, tanto estos como los comentaristas de los medios y el público muestran fuertes desacuerdos sobre la inmigración. El actual debate sobre el tema puede enmarcarse en los últimos proyectos de ley del Senado y la Cámara de Representantes, que proponían soluciones para el supuesto problema de la inmigración. Había algunas diferencias significativas entre ambos, pero también puntos comunes. El proyecto del Senado del 2006, conocido como la propuesta Kennedy-McCain, fue catalogado de "integral" porque creaba un camino para que los once millones de inmigrantes indocumentados pudieran obtener un estatus legal. Además, proponía incrementar el control de las fronteras y los programas de trabajadores temporales o eventuales para regular futuras olas inmigratorias. El proyecto de la Cámara fue "sólo un reforzamiento"; es decir, enfatizaba el control de las fronteras. Planteaba construir una nueva muralla de 1,100 km (700 millas) a lo largo de la frontera sur, contratar 10,000 nuevos agentes para la Patrulla Fronteriza, levantar nuevos centros de detención y tratar como criminales a los inmigrantes indocumentados y a quienes les ofrecieran trabajo o los ayudaran.

El proyecto del Senado era más liberal y recibió el respaldo de cierto número de grupos liberales, pero también del entonces presidente George W. Bush. La mayoría de sus patrocinadores eran demócratas, aunque lo apoyaba un número significativo de republicanos. El proyecto de la Cámara lo patrocinaron los republicanos; sólo un pequeño número de demócratas estaba a favor.

La mayoría de los grupos que defendían los derechos de los inmigrantes insistían en la necesidad de promover una reforma integral. Algunos apoyaron el proyecto senatorial: creían que era lo mejor que se podía esperar considerando el clima político del momento. Otros se oponían a los requerimientos punitivos para la legalización y a la noción de un nuevo programa de trabajadores temporales o eventuales.[1] Los sindicatos estaban divididos. La AFL-CIO se opuso al plan del Senado argumentando que los programas de trabajadores temporales o eventuales creaban grupos de personas fácilmente explotadas y abusadas. "Crean una clase permanente de trabajadores incapaces de participar totalmente en la democracia", dijo el presidente del AFL-CIO, John Sweeney. "El proyecto profundiza el potencial para el abuso y la explotación de estos trabajadores, y a la vez socava los salarios y las protecciones laborales de todos los trabajadores".[2]

Por contraste, el presidente del Sindicato Internacional de Empleados de Servicios (*Service Employees International Union, SEIU*), Eliseo Medina, cuyo padre arribó a los Estados Unidos con el Programa Bracero, argumentó que el nuevo programa de trabajadores temporales y eventuales evitaba los aspectos problemáticos de los programas anteriores. Declaró entonces el apoyo del SEIU al proyecto del Senado. La coalición *Change to Win*, que se separó de la AFL-CIO en el 2005 y a la que hoy pertenece el SEIU, no ha tomado una posición al respecto. Pero algunos miembros del SEIU estaban en desacuerdo con las posiciones de su sindicato, al punto de formar una nueva organización (*No Worker is Illegal*/Ningún Trabajador es Ilegal) para presionar al SEIU a cambiar en este sentido. Creen que "tanto los programas de trabajadores temporales y eventuales como el incremento en la militarización de la frontera y las sanciones a los empleadores, perjudican a todos los trabajadores".[3]

Otros señalan que hay un desacuerdo entre los programas de trabajadores eventuales y los empleos de los inmigrantes. Sólo uno de diez trabajadores mexicanos en los Estados Unidos tiene un puesto en la agricultura u otro trabajo que se define por su temporalidad. "Rotar a los trabajadores temporales por puestos permanentes no es una política sólida y sólo abre la puerta a que ni los migrantes ni los empleadores cumplan los términos del programa", apunta el especialista en inmigración Wayne Cornelius.[4]

Algunas organizaciones pro-inmigrantes esperaban que la elección de Barack Obama reverdecería la idea de una reforma integral. Sin embargo, su administración incrementó las deportaciones mediante el Programa de Comunidades Seguras, el cual requiere que las autoridades locales compartan información con el *US Immigration and Customs Enforcement* (ICE) acerca de toda persona detenida. Las deportaciones se elevaron a 400,000 anuales, la mayoría personas arrestadas por delitos menores. Mientras, algunos estados y comunidades locales comenzaron a discutir o implementar disposiciones anti-inmigrantes. La más famosa fue la SB 1070 en Arizona, aprobada a principios del 2010. La ley requería que los inmigrantes portaran documentos demostrando su estatus, y que la policía lo comprobara durante operaciones rutinarias o arrestos. Aunque algunos componentes de esta ley fueron desafiados en las cortes, varios estados la imitaron. A principios del 2011 Georgia aprobó una ley similar. También ha habido intentos diversos, tanto en el Congreso como en los estados, de arrebatar la ciudadanía a los hijos de inmigrantes indocumentados nacidos en los Estados Unidos. [5]

Hazelton, Pensilvania, Vista, California, y Milford, Massachusetts, son sólo tres de docenas de ciudades que han aprobado ordenanzas contra los inmigrantes. Vista, una ciudad al sur de California de 72,000 habitantes, ahora requiere que quienes contratan trabajadores por el día "registren los datos con el gobierno de la ciudad, expongan un certificado en las ventanillas de sus automóviles y les den por escrito a los trabajadores los términos de contratación". Milford revisó las leyes de urbanismo para prevenir que adultos sin parentesco compartieran hogares. El alcalde de Hazelton firmó la Ley de Alivio contra la Inmigración Ilegal (*Illegal Immigration Relief Act*) para sancionar a quienes hicieran negocios con inmigrantes indocumentados, les otorgaran empleo u ofrecieran techo. [6] En New Hampshire, la policía local de las ciudades de Hudson y New Ipswich ha arrestado a inmigrantes indocumentados por ingresar a la ciudad. (Las cortes desestimaron los cargos.) La legislatura de Arizona aprobó un proyecto similar en abril del 2006, aunque el gobernador lo vetó. [7]

A pesar de las virulentas posturas contra la inmigración pregonadas por locutores de varios programas radiales de derecha, los sondeos muestran que, de hecho, una significativa mayoría de la población respalda la idea de una reforma integral para legalizar a los inmigrantes indocumentados, así como también el incremento del control sobre la frontera. Una encuesta a cargo del el Instituto de Manhattan sobre probables votantes republicanos, mostró que el 72% respaldaba un plan muy similar al propuesto por el Senado.[8]

Un gran factor que determina las respuestas a los sondeos es cómo se formula la pregunta. En uno de la CNN, el comentarista anti-inmigrante Lou Dobbs preguntó: "¿Usted aprueba o desaprueba que el gobierno de los Estados Unidos deporte a los inmigrantes a los países de donde vinieron?". El 67% lo aprobó. Cuando se les preguntó si querían que disminuyera o se mantuviera igual, el 67% contestó: "que disminuya", pero sólo el 34% creía que la manera de hacerlo consistía en deportar a todos los inmigrantes indocumentados.

El resultado más dramático se encontró cuando se preguntó: "Cuando a alguien lo arrestan, ¿cree usted que la policía debería determinar si se trata de un ciudadano estadounidense?" y "Cuando alguien solicita ayuda en una agencia de servicios sociales, como prestaciones o cupones de comida, ¿cree usted que la agencia debería o no asegurarse de que esa persona es ciudadana y anotar su estatus migratorio?". El 83% respondió "Sí" a la primera pregunta y el 91% hizo lo mismo con la segunda.[9] Estos resultados sugieren que unos de los temas más llamativos para el público son la supuesta criminalidad de los inmigrantes y su también supuesto excesivo uso de los servicios sociales: ambas cosas, como vimos, son un mito.

Durante varios años la AFL-CIO promovió entusiastamente en su sitio web *Union Shop* el libro de Lou Dobbs *Exporting America: Why Corporate Greed is Shipping American Jobs Overseas* (Exportando América: por qué la codicia corporativa está enviando los trabajos norteamericanos al exterior). Dobbs hizo causa común con la AFL-CIO en cuestiones como el *outsourcing* y el libre comercio, y en varias ocasiones invitó a su programa a representantes de varios sindicatos. Fue elogiado por el entonces secretario-tesorero (y ahora presidente) de la AFL-CIO, Richard Trumka, quien se refirió a su programa como "una cruzada diaria". También por *The New York Teacher*, que lo llamó "el campeón de los trabajadores".[10]

Dobbs se separó de la AFL-CIO cuando la federación sindical comenzó a matizar sus puntos de vista anti-inmigrantes. Tomó posiciones populistas contra la inmigración argumentando que "los grandes negocios y grupos laborales son los beneficiarios de la inmigración ilegal, mientras los verdaderos costos los sufren quienes pagan los impuestos y los trabajadores estadounidenses".[11] También reprendió a los sindicatos por haber fracasado en la protección de los intereses de sus miembros y de otros trabajadores: "Los trabajadores y trabajadoras de los Estados Unidos están siendo asaltados de la forma más despiadada por el denominado libre comercio, el *outsourcing* hacia la mano de obra barata en el extranjero, el aumento en los costos de la salud, un sistema educacional fallido, la inmigración ilegal masiva y los salarios estancados".[12]

No obstante, a pesar de su popularidad y de la de otras virulentas figuras mediáticas con tendencias anti-inmigrantes, la opinión pública en general parece ser decididamente menos histérica respecto a estos temas. Una investigación realizada por el Pew Hispanic Center reveló que el 52% coincidía con que "los inmigrantes son una carga porque nos quitan nuestros trabajos, nuestras casas y los servicios de salud", mientras el 41% sentía que "fortalecen nuestro país con su trabajo intensivo y sus talentos". Estos números variaban considerablemente de acuerdo con la edad de los encuestados y con su nivel educativo y económico. Las personas mayores, las personas con tan solo una educación secundaria o menos, y las que reportaron que sus finanzas eran limitadas/pobres resultaban más propensas a creer que los inmigrantes constituían una carga. Es interesante notar que no hubo ninguna diferencia significativa entre negros y blancos, si bien los hispanos eran más proclives a considerar a los inmigrantes de manera positiva.[13]

La encuesta de sacó a la luz dos resultados adicionales muy reveladores. Primero, las personas que vivían en áreas con muy pocos inmigrantes eran más proclives a tomar posiciones negativas que las que vivían en áreas con una gran concentración. En localidades de baja concentración de inmigrantes, el 67% sentía que estos eran una carga y tan sólo el 27% percibía que fortalecían el país; en las áreas con muchos inmigrantes, el 47% sentía que eran una carga mientras el 48% los consideraba un beneficio.[14] Esto sugiere que para muchas personas, los sentimientos contra la inmigración provienen más de fuentes externas que de experiencias propias.

Segundo, la encuesta mostró que a pesar de la virulencia de las retóricas anti-inmigrantes de los programas de radio y de otras fuentes, muy pocas personas, aun las que dijeron estar preocupadas porque los inmigrantes les quitaban sus trabajos, sus casas y sus servicios de salud, consideraban que este tema (la inmigración) era de mayor importancia. El 62% dijo que la presencia de los inmigrantes en sus comunidades no había afectado significativamente los servicios públicos y sólo el 27% dijo que los habían afectado de modo negativo.[15] Cuando se les preguntó cuál era el problema más importante que enfrentaba su comunidad, el 14% contestó que el crimen y la violencia, otro 14%, el desempleo, y un 12% la educación. Entre el 5 y el 10% eligió una de las siguientes opciones: superpoblación/tráfico, estado de las carreteras, infraestructura y gobierno/políticas. Sólo el 4% consideró la inmigración como el problema más importante.[16]

¿De dónde, entonces, proviene la virulencia de los debates? ¿Por qué políticos y comentaristas parecen pensar que la inmigración constituye un tema divisivo y polémico si el público estadounidense se muestra más preocupado por el tráfico y las condiciones de las carreteras, por no mencionar el crimen, el desempleo y la educación?

Sugiero dos posibles explicaciones. Una es que aun cuando un gran número de estadounidenses no comparte los sentimientos y temores anti-inmigrantes, los que sí los comparten lo hacen de manera muy fuerte y demostrativa. Por consiguiente, sus voces generan mucho ruido y tienen un gran impacto sobre el público en general.

La segunda es que políticos, comentaristas y los locutores de radio derechistas están muy conscientes de que los estadounidenses se encuentran profundamente afectados por las crecientes desigualdades económicas, la pérdida de la calidad de vida y el deterioro de los servicios públicos, resultados de la restructuración de la economía durante los últimos treinta años. Un sector de la clase media, en constante crecimiento, vive "al borde de la catástrofe financiera: basta sólo con perder su trabajo, tener un problema médico o una tarjeta de crédito fuera de control, y ya están crisis".[17]

Los estadounidenses no sólo se sienten inmersos en una precaria situación económica. También tienen poca fe en que los líderes puedan resolver los problemas que encara la sociedad. Una reciente encuesta les pidió dar un estimado de su nivel de confianza hacia las instituciones del país. Los resultados fueron terriblemente bajos: sólo el 3% confiaba en el Congreso, el 7% en los líderes corporativos, el 11% en los medios de comunicación, el 24% en el Presidente y el 29% en las cortes.[18] Mientras tanto, el número de votantes que participa de las elecciones varía entre el 50 y 60%, una de las tasas más bajas del mundo industrializado.[19]

En estas circunstancias, no es extraño que algunos miembros del Congreso y de los medios de comunicación recurran al miedo y a los chivos expiatorios como un intento por atraer la atención y el apoyo públicos. Los inmigrantes se presentan como un blanco conveniente. El nivel del ruido, sin embargo, parece ser más alto que la verdadera capacidad de las demagogias anti-inmigrantes de influir en la opinión pública. Por ejemplo, el 55% de los encuestados apoyaban "una política inmigratoria que diera la bienvenida a los nuevos inmigrantes que no constituyeran una amenaza para la seguridad nacional, no fueran criminales o no vinieran a aprovecharse del sistema norteamericano de bienestar social". El 59% aprobó la idea de crear un camino para que los inmigrantes indocumentados legalizaran su estatus. Sin embargo, el 61% pensaba que "si cumplieran las leyes de inmigración, habría menos pobreza"; otro 61% apoyaba la SB 1070 de Arizona.[20]

Además, el porcentaje de personas que perciben que los inmigrantes arrebatan sus trabajos a los norteamericanos ha estado consistentemente por debajo del 50%: de un máximo del 41% en 1983, cayó a sólo el 24% en el 2006, volviendo a subir al 34% en el 2010.[21] Parece ser que el crecimiento de las retóricas y políticas anti-inmigrantes podrían haber impactado sobre pequeños números de personas, pero la mayoría de la gente tiene posiciones más moderadas. Mientras tanto la carrera de Dobbs en la CNN, donde lanzó su show y obtuvo notoriedad, terminó en noviembre del 2009.

Mito 16

La abrumadora victoria electoral de la Proposición 187 en California demuestra que el público se opone a la inmigración

Cuando los problemas relacionados con la inmigración se someten a sufragio, como sucedió en 1994 en California con la Proposición 187 (Prop 187), los resultados no siempre se parecen a los de las encuestas mencionadas en el capítulo anterior. La Prop 187, presentada como "iniciativa contra los inmigrantes ilegales", se aprobó con el 59% de los votos, una mayoría significativa.[1] La iniciativa habría prohibido a los inmigrantes indocumentados de California disponer de servicios públicos de salud y educación si la Corte no hubiera revocado la mayoría de las provisiones por considerarlas inconstitucionales.

Hay dos razones por las que el voto de la Prop 187 no parece coincidir con las posiciones más positivas hacia los inmigrantes usualmente visibles en los sondeos. La primera es que la campaña misma movilizó una virulenta retórica contra la inmigración —con muchos argumentos falsos— que podría haber influido en la opinión pública. La segunda es que mientras que los sondeos de opinión utilizan métodos científicos para determinar un perfil poblacional representativo, los votos electorales sólo dan cuenta de las opiniones de quienes deciden votar. En las elecciones de 1994 en California, sólo 8.9 millones de personas votaron, es decir, menos de la mitad de los elegibles.

"El perfil demográfico de los votantes en las elecciones de 1994 contrastó nítidamente con la población adulta del estado en general y con sus ciudadanos adultos, elegibles para votar", reveló un análisis de los resultados. "Como grupo, los que votaron en 1994 son mayores en edad, incluyen más blancos no hispanos, son más conservadores, tienen más alto nivel de ingresos, mayor nivel educativo, no incluyen tantos residentes del condado de Los Ángeles e incluyen a más personas afiliadas a las religiones protestantes".[2] Por edad, raza, filiaciones políticas y religión, estas elecciones movilizaron precisamente a los más propensos a estar contra la inmigración.

Otros aspectos también se destacan en los resultados. Por un lado, según el nivel de ingresos, el grupo de californianos que más votaron en contra de la Prop 187 eran los más pobres —o sea, los que ganan menos de 20,000 dólares anuales. Como era de esperar, los latinos votaron abrumadoramente contra la iniciativa; también tendieron a oponerse los demócratas y quienes se identificaban políticamente con los liberales. Resulta interesante notar que los hombres apoyaron a Prop 187 mucho más que las mujeres. Sólo el 52% de los negros y asiáticos la respaldaron, mientras que sí lo hicieron el 64% de los blancos –y el 69% de hombres blancos.[3]

Otro estudio sobre las tácticas de ambos bandos muestra que aun en su campaña contra la iniciativa (*No on 187*), la oposición tampoco llegó a desafiar el mensaje anti-inmigrante. Jan Adams, líder del movimiento anti-187 del norte de California, explicó que los consultores políticos profesionales de la campaña "concluyeron que era necesario aceptar la naturaleza problemática de la inmigración y, por lo tanto, buscar algo para culpar que fuera aún más impopular que los inmigrantes "ilegales", preferentemente el Gobierno Federal, por fracasar en el control de las fronteras. Otros mensajes jugaron con los temores de los votantes: subrayaban que al convertirse en ley, la propuesta llevaría a una ola de pandillas de niños (morenos) expulsados de los colegios, a la proliferación de tuberculosis por los inmigrantes que no estaban recibiendo tratamiento alguno, y —el lema de todas las campañas— que conduciría a nuevas burocracias y costaría demasiado".[4]

Al no ofrecer una alternativa a los mensajes anti-inmigrantes promocionados por la campaña a favor de la Prop 187, la campaña contraria pudo haber reforzado el sentimiento anti-inmigrante y alentado a algunas personas a votar a favor.

Aunque la corte rechazó la Prop 187, muchos de sus artículos fueron de hecho implementados en 1996 en la Ley de Reforma al Bienestar (*Welfare Reform Act*), que evadió con cuidado los elementos claramente inconstitucionales de la Prop 187 como negar educación pública a los hijos de los inmigrantes indocumentados. Pero sí lorgró excluir a los inmigrantes, tanto documentados como indocumentados, de casi todos los beneficios públicos.

La Prop 187 también desempeñó un importante papel en la decisión del presidente Bill Clinton de dar rienda suelta a la iniciativa de un nuevo y mayor control en las fronteras. De acuerdo con Wayne Cornelius, el sentimiento anti-inmigrante en los Estados Unidos es "amplio pero no muy profundo", excepto cuando lo movilizan campañas como la Prop 187. Con las elecciones de 1996 a la vista, y con California como estado clave para su victoria, el Presidente decidió capitalizar el aumento del sentimiento anti-inmigrante y alimentar las llamas. Un ex oficial del gobierno de Clinton recuerda la deliberada decisión de "aportar al Servicio de Inmigración y Naturalización tanto dinero como pudiera absorber".[5]

La aprobación de la Prop 187 no fortaleció necesariamente las posiciones anti-inmigrantes. Sin embargo, logró enseñar a los políticos el potencial provecho que pueden ganar al beneficiarse de ellas y alimentar sus llamas.

La inmigración es un problema

La inmigración es en efecto un problema, pero no de la manera como generalmente se define. Es un problema humanitario. La gente deja sus tierras natales, sus familias, sus maneras de adquirir sustento y arriesgan sus vidas. Lo que se necesita es una solución humanitaria: la creación de un nuevo modelo de integración económica global que redistribuya los recursos mundiales más equitativamente entre todos los habitantes y respete y nutra los estilos de vida tradicionales de los campesinos.

En cambio, las políticas de los Estados Unidos han convertido un problema humanitario en un desastre humanitario. Las políticas exteriores norteamericanas fomentan más —en vez de menos— la desigualdad global. Las políticas domésticas mantienen la desigualdad interna, así como la alta demanda de trabajadores del sector secundario. Y las políticas de reforzamiento de las fronteras han creado una crisis humanitaria. Los 20 billones de dólares que los Estados Unidos han gastado en la militarización de sus fronteras durante la última década no han tenido ningún efecto significativo sobre los niveles inmigratorios, pero sí han causado miles de muertes y un inconmensurable sufrimiento humano.

La frontera con México es uno de los lugares donde los problemas creados por las políticas inmigratorias estadounidenses se desenvuelven más dramáticamente. Desde 1994, los Estados Unidos han gastado dinero y recursos para tratar de cerrar varios tramos. En vez de disminuir los cruces ilegales, la campaña ha transformado a la frontera en una zona de muerte. Entre 1985 y mediados de 1992, unos 175 inmigrantes murieron cuando trataban de abrirse camino a través de las carreteras en San Diego, una de las áreas de cruce más comunes. Entre 1995, cuando se hizo efectiva la Operación Guardián (*Operation Gatekeeper*) y finales del 2004 unas tres mil personas murieron cruzando la frontera, mayormente en los desiertos de Arizona, ya que los cruces se corrieron mucho más al este.[1] Cerca de 500 más murieron en 2005.[2] Hacia octubre de 2010, la *National Public Radio* reportó 252 muertes y 1,800 durante los últimos nueve años.[3] Y estas son sólo las muertes documentadas: los restos de otros que fueron abandonados en el desierto, a punto de morir o ya muertos, aún están por encontrarse.

Los costos humanos de la Operación Guardián han sido graves; sin embargo, no ha tenido un "efecto estadístico significativo" en el número de cruces ilegales. Wayne Cornelius descubrió que el único cambio sustancial en cuanto a las tendencias generales de la inmigración, es que ahora se ha vuelto más probable que los inmigrantes ilegales se queden más tiempo en los Estados Unidos y traigan a sus familias, porque volver a visitar sus casas se ha vuelto mucho más peligroso.[4]

Entre el año 1993, cuando comenzó el nuevo programa de reforzamiento de la frontera, y el 2000, la duración promedio de la estadía de un mexicano indocumentado aumentó de cuarenta a cincuenta semanas; luego a setenta hacia el 2002. Además, cambió la composición de la población de mexicanos indocumentados: en vez de hombres solteros, como había sido el caso en el pasado, el 50% de los migrantes son mujeres y niños. Unos 48,000 niños cruzan la frontera cada año, muchos en busca de alguno de sus padres —especialmente de las madres— que ya se encuentran en los Estados Unidos. Un estudio sobre trabajadores domésticos en Los Ángeles reveló que el 82% de las niñeras y el 24% de las empleadas de limpieza eran mujeres que habían dejado a sus hijos en sus países.[5]

Los más grandes beneficiarios de este cambio fueron los coyotes o polleros. Los costos para cruzar ilegalmente aumentaron de unos 500 dólares en 1993 a unos 2,500 en el 2004 y casi 3,000 en el 2009.[6] Los coyotes pasaron de ser operadores individuales, en pequeña escala, a trabajar en círculos sofisticados vinculados con el crimen organizado y el tráfico de drogas.[7] Un estudio mexicano descubrió que en el 2004 había más de cien redes de contrabando humano.[8]

Las verdaderas víctimas son personas como María Eugenia Martínez, una madre de treinta y nueve años con ocho hijos de la región indígena de Huehuetenango, Guatemala, una de las zonas más abatidas por la contrainsurgencia durante la década de los 80. Si bien el genocidio contra la población indígena tiene sus raíces más de quinientos años atrás, las políticas estadounidenses de la Guerra Fría continuaron la matanza. En 1954, los Estados Unidos dirigieron el derrocamiento del gobierno electo de Guatemala, al considerar que tenía inclinaciones comunistas. Esto inició una serie de feroces regímenes militares derechistas que gobernaron y difundieron el terror hasta mediados de los años 90.

El Terrero, pueblo natal de María Eugenia Martínez, fue una de las áreas que según el ejército apoyaba a la guerrilla, con lo cual a su población entera se le trataba como enemiga. El 80% de la población de la provincia de Huehuetenango, sobre todo poblaciones indígenas mayas mam, chuj y kanjobal, tuvo que huir de sus hogares durante los ataques del ejército entre 1980 y 1981. Algunos fueron a campos de refugiados al otro lado de la frontera en Chiapas, México; otros llegaron a los Estados Unidos, sobre todo a Los Ángeles.[9] Hacia 1990, el censo de esta ciudad tenía un registro de 159,000 guatemaltecos, aunque como es usual, probablemente la población real era mucho más alta. Un gran número eran mujeres que se desempeñaban en trabajos domésticos.[10]

Sin embargo, Martínez llegó a los Estados Unidos en el 2003, mucho después de firmados los acuerdos de paz de 1996. En los próximos años, miles de refugiados volverían de México. Pero las guerras en Guatemala habían creado una devastación económica que derivó en un continuo y alto nivel de emigración, sobre todo hacia los Estados Unidos.

Martínez tenía un medio hermano y unos primos en un barrio centroamericano en el centro de Los Ángeles. La situación en El Terrero resultaba intolerable: su marido abusaba de ella y el dinero que ganaba vendiendo salchichas caseras en un puesto en un mercado no resultaba suficiente para enviar a sus hijos más pequeños a la escuela secundaria. Entonces hizo lo que muchas otras mujeres hacían: cruzar la frontera ilegalmente y unirse a sus familiares en Los Ángeles. Trabajaba en una fábrica de confección de ropa cuando fue descubierta y deportada no menos de un año después, en junio del 2004.[11]

Alrededor de un millón de guatemaltecos vivían en los Estados Unidos en el 2005. El 10% venía de Huehuetenango y más del 35% vivía en Los Ángeles.[12] La experiencia de Martínez era sólo un fragmento de una historia mucho más larga.[13]

Su trabajo en Los Ángeles le permitió enviar dinero a su casa para educar a sus hijos y para la boda de su hijo mayor. En esto tampoco estaba sola: más de un tercio de la población guatemalteca recibió algo de los 3 billones de dólares en remesas que enviaron los emigrantes en los Estados Unidos durante el 2005.[14] Deportada al otro lado de la frontera y depositada en Tijuana, Martínez quería volver cuanto antes a Los Ángeles y a su trabajo.

Como cruzar por Tijuana resultaba extremadamente difícil, ella y algunos otros viajaron 250 kilómetros (150 millas) hacia el este, en dirección a Mexicali. Es más sencillo cruzar sin vigilancia entre Tijuana y Mexicali, pero hay que caminar por el desierto durante casi diez horas por trechos remotos y con un calor insoportable.

El grupo cruzó la frontera. Sin embargo, después de caminar durante cuatro horas con una temperatura de 40 grados y poca agua, Martínez comenzó a sufrir de agotamiento y finalmente colapsó a un lado del camino. Parte del grupo continuó, pero cuando se les agotó el agua, entró en pánico y volvió a México, aunque por un camino diferente. El cuerpo de Martínez, quemado por el sol y descompuesto, fue descubierto algunos días después por un helicóptero de la Patrulla Fronteriza.[15] Su historia revela el verdadero "problema" de la inmigración, un problema que sólo muy pocos ciudadanos norteamericanos logran conocer.

Mito 18
Los países tienen que controlar a los que salen y entran

A menudo los gobiernos han tratado de controlar el tamaño y la composición de su población mediante el control de sus fronteras, la expulsión o el exterminio de grupos de personas dentro de su territorio nacional, y el control del movimiento y del asentamiento, así como el de la reproducción dentro de sus fronteras. Generalmente, nos horrorizamos cuando estudiamos la forma como los gobiernos lo han hecho en el pasado.

En estos casos hay un paralelo entre el pensamiento racial y el económico. Por un lado, los colonizadores temen perder el control racial sobre los grupos que colonizan. Hablan del suicidio racial y se preocupan porque las personas de color se reproduzcan demasiado rápido y sobrepasen a la población blanca. El control de la población se vuelve un método para preservar la dominación de los blancos.

En cuanto al pensamiento económico, en las sociedades divididas en "ricos" y "pobres", los primeros a menudo consideran que eliminar a los segundos es la mejor solución para la desigualdad, en vez de redistribuir los recursos. Entonces, como solución a la pobreza, los ricos proponen métodos para hacer que los "pobres" dejen de reproducirse.

Debido a que tanto en el mundo como en las diferentes sociedades la división entre ricos y pobres, ha sido estructurada por conquistas e ideas de superioridad de razas, los argumentos raciales y económicos son a menudo dos lados de la misma moneda. Y la solución también es la misma: encontrar formas de erradicar a las pobres personas de color y justificar estas campañas.

Analicemos algunos ejemplos. En los Estados Unidos, los nativos americanos fueron los extranjeros originales que tenían que ser expulsados del territorio para crear una sociedad inglesa y blanca. Los migrantes ingleses no tenían ninguna intención de asimilarse al territorio al que habían llegado: querían reemplazar a las sociedades ahí existentes. "Las tribus que ocupaban los países del actual este de los Estados Unidos fueron aniquiladas o se han esfumado para ceder lugar a los blancos", dijo el presidente Andrew Jackson en un mensaje al Congreso en 1830. La historia justificó su propio programa de remoción indígena, "la política benevolente del gobierno, continuamente mantenida y buscada por casi treinta años, para ubicar a los indios lejos del asentamiento de los blancos", que —anunció— estaba "llegando a feliz consumación".[1]

Los afroamericanos constituyeron un tipo diferente de extranjeros entre los blancos estadounidenses: no eran ciudadanos potenciales, pero sí necesarios para la mano de obra. Entonces se les forzó a estar físicamente presentes, mientras que ante la ley no existían como personas, al menos hasta la Guerra Civil y la emancipación. Luego de un breve experimento de Reconstrucción, la sociedad blanca atravesó por un proceso de expulsión de afroamericanos durante un siglo. Las leyes Jim Crow, los linchamientos y las regulaciones expulsaron a los afroamericanos de instituciones, pueblos, condados e incluso de algunos estados.

Como los afroamericanos, los chinos se utilizaron como mano de obra, a la vez que se les denegó la ciudadanía y se les excluyó. En cuanto a los mexicanos, los programas de trabajadores temporales y las olas de deportación continuaron el mismo patrón. La encarcelación de los japoneses y de personas de ascendencia japonesa durante la Segunda Guerra Mundial reiteró el mensaje: "este es un país de blancos y no los queremos entre nosotros".

Los avances en la tecnología, combinados con el desarrollo de la pseudociencia de la eugenesia, proveyeron otros medios para el control de la población. Cuando no eran físicamente expulsadas o masacradas, las personas de color eran objeto de campañas eugenésicas para tratar de reducir su reproducción. Las mismas "consideraciones eugenésicas" que inspiraban las restricciones inmigratorias estaban también en las leyes contra el mestizaje, que apuntaban a mantener las razas separadas, y en las estrategias dirigidas a prevenir la reproducción y el crecimiento de la población considerada racialmente inferior.

Parte de la lógica de las políticas eugenésicas se sustentaba en que los avances médicos y sociales habían interferido con el proceso de selección natural, que hubiera eliminado naturalmente a las razas inferiores de no haber sido por la intervención humana. Como explica el geógrafo James A. Tyner: "Una de las creencias populares más difundidas era que el bienestar y los programas de caridad contrarrestaban la 'mano sangrienta' de la evolución. En vez de sucumbir a las leyes naturales de 'supervivencia del más apto', una filantropía errada —incluyendo el salario mínimo, la jornada máxima, la educación pública y gratuita, y la creación de un sistema de salud público— estaba habilitando a las personas inferiores a vivir durante más tiempo y a reproducirse".[2]

Madison Grant, un dirigente del movimiento intelectual del racismo científico de los Estados Unidos, escribió en 1918: "el método más práctico y esperanzador de mejorar la raza consiste en eliminar los elementos menos deseados de la nación, privándolos del poder de contribuir a las futuras generaciones".[3] Sus ideas nutrieron las restricciones inmigratorias de 1920 y proveyeron la justificación académica para las campañas de esterilización emprendidas contra los ciudadanos considerados indeseables. Desde Vermont a California, en los estados del sur y hasta Puerto Rico, las mujeres no blancas fueron esterilizadas en números desproporcionados por doctores entusiastas con intenciones de mejorar la raza.[4]

California, el estado con la mayor cantidad de esterilizaciones involuntarias, mantuvo su ley vigente en los libros de actas desde 1909 hasta 1979. Hacia 1942, más de 15,000 personas habían sido esterilizadas. A los mexicano-americanos y los afroamericanos se les esterilizó a un ritmo desproporcionado: mientras las tasas de esterilización de los primeros eran el doble de lo que se esperaría, dado el tamaño de su población, la de los afroamericanos alcanzó tasas proporcionales a cuatro veces mayor que el tamaño de su población.[5]

Poco después de ocupar Puerto Rico en 1898, los oficiales estadou-

nidenses comenzaron a preocuparse sobre la "sobrepoblación" de la
isla. "Este término (sobrepoblación) apareció primero en los debates
sobre las políticas para justificar los contratos de trabajo fuera de la isla;
los agentes estadounidenses de negocios o de agricultura ofrecían transporte a lugares como Hawai, Arizona o Georgia a cambio de contratos
de trabajo (…). Hacia 1930, sin embargo, el término "sobrepoblación"
había adquirido otro significado: culpaba la sexualidad y excesiva ferti-
lidad de los puertorriqueños a la pobreza de la isla en general". [6]

La profesora de estudios sobre la mujer, Laura Briggs, explica que
"hacia 1932 la respuesta a los problemas de la 'sobrepoblación' se había
vuelto el fundamento en las políticas federales hacia Puerto Rico".[7] Los
promotores de las políticas de control de la natalidad en la isla creían que
"era mejor prevenir que nacieran personas pobres o de piel oscura".[8] Entre
1940 y 1960, las compañías farmacéuticas estadounidenses utilizaron este
territorio como un gran laboratorio para investigaciones anticonceptivas,
incluyendo los primeros ensayos clínicos de las píldoras anticonceptivas.[9]

Los altos índices de esterilización de negros y nativos americanos
también se extendieron hacia la segunda mitad del siglo. En la década
de los 50, la esterilización, "enfilada predominantemente hacia afroamericanas y mujeres pobres, comenzó a esgrimirse por las Cortes y las le-
gislaturas estatales como castigo por dar a luz a hijos ilegítimos o como
extorsión: si no accedían a la esterilización, se les cortarían los beneficios
de asistencia familiar".[10] Los índices de esterilización aumentaron nuevamente, en especial luego de que la Guerra contra la Pobreza en los
años 60 introdujera esterilizaciones financiadas por el Gobierno Federal
mediante Medicaid y la Oficina de Oportunidades Económicas (*Office
of Economic Opportunity*). Un analista criticó el "abuso generalizado de esterilizaciones" durante las décadas de los 60 y 70. Entre 1960 y 1974 se
llevaron a cabo más de 100,000 esterilizaciones anualmente.[11]

El Servicio de Salud Indígena (*Indian Health Service*) comenzó a proveer servicios de planificación familiar en 1965. Luego de protestas e
investigaciones federales, se reveló que las regulaciones que requerían el
consentimiento para las esterilizaciones resultaban ignoradas rutinariamente. En un artículo en *American Indian Quarterly*, la estudiante de doc-
torado Jane Lawrence citó un estudio del Grupo de Investigaciones de

Salud (*Health Research Group*) en Washington DC: "la mayoría de los médicos eran hombres euroamericanos blancos que creían ayudar a la sociedad al limitar el número de nacimientos en familias minoritarias de pocos recursos. Asumían que de esa forma ayudarían al gobierno a recortar el presupuesto de Medicaid y de los programas de bienestar, y a la vez reducirían su propia carga de impuestos para apoyar los programas".[12] Entre el 25 y el 50% de mujeres nativas americanas fueron esterilizadas durante los años 70. Un estudio a cargo de una doctora nativa americana concluyó que las mujeres indígenas a menudo aceptaban ser esterilizadas porque se les amenazaba con perder a sus niños o los beneficios del bienestar social.[13]

La indignación y las protestas surgidas cuando la Dra. Helen Rodríguez-Trías descubrió que el índice de esterilización en Puerto Rico se estaba acercando al 40% en 1965 dieron lugar a instigaciones para cambiar la legislación federal y prevenir las esterilizaciones involuntarias. Sin embargo los programas de esterilización financiados por el Gobierno Federal continuaron apuntando hacia las mujeres de color. El índice de esterilización femenina en Puerto Rico continuaba por encima del 40% en los años 80.[14] Estudios realizados en las décadas del 70 y 90 mostraron que para las mujeres negras el índice de esterilización llegaba al doble de las blancas.[15] Un ex oficial de la administración Reagan, William J. Bennett, reveló que las "ideas eugenésicas" no habían desaparecido por completo de nuestra cultura cuando comentó: "Se podría abortar cada uno de los bebés negros en este país y se reduciría el índice de criminalidad".[16]

Obviamente, los Estados Unidos no son el único país que ha utilizado la ciudadanía excluyente, las expulsiones, las campañas de purificación racial, las esterilizaciones y la eugenesia para tratar de crear una nación étnicamente homogénea. Los judíos, "los otros" por excelencia en las naciones de Europa en los que vivieron, fueron objeto de periódicas expulsiones y exterminios. Luego revirtieron la balanza en Palestina, donde expulsaron a los habitantes locales y crearon leyes que permitían a los judíos europeos y americanos —que nunca antes habían pisado esa tierra— "retornar" a Palestina; mientras tanto, con las expulsiones en las guerras de 1948 y 1967, los israelíes convirtieron a muchos palestinos en extranjeros, prohibiéndoles el retorno a sus hogares.

Las restricciones inmigratorias contra la gente de color en los Estados Unidos han respondido históricamente a la misma lógica que otras formas de control poblacional. Las actuales restricciones inmigratorias no mencionan explícitamente el término "raza", pero aún se aplican abrumadoramente a las personas de color. Y todavía responden a la idea de que los gobiernos deberían tener el control de la composición de las poblaciones dentro de sus territorios y asegurarse de que los grupos socialmente dominantes se mantengan numéricamente dominantes.

Un interesante giro de esta lógica en los Estados Unidos ha sido el movimiento de llevarse niños de los sectores que estaban siendo eliminados y ubicarlos en sectores dominantes para que estos los críen. El programa de Escuelas Residenciales para Nativos Americanos (*Native American Boarding Schools*), comenzado a finales del siglo XIX, fue un temprano ejemplo de cómo una sociedad dominante puede tratar, cultural y racialmente, de rehacer la población extrayendo a los niños de sus familias.

Muchos gobiernos, desde el de Franco en España en los años 40 hasta las dictaduras de la Argentina en los 70 y en El Salvador en los 80, se involucraron en programas de secuestro de niños de supuestos izquierdistas para ubicarlos en adopción.[17] Como dijo Laura Briggs:

> Criar a los "huérfanos" de las personas colonizadas es una práctica muy familiar. Desde los orfanatos franceses en Indochina en el siglo XIX hasta los hogares estadounidenses de niños en Puerto Rico a comienzos del XX, el manejo de niños y la crianza de jóvenes como forma de hacerlos pertenecer a una cultura diferente a la de sus ancestros, tiene una historia. De hecho, las colonias de pobladores blancos del Imperio Británico —los Estados Unidos, Canadá, Australia— consideraban que asimilar a los niños nativos en las escuelas residenciales era una parte indispensable en sus políticas contra las personas indígenas, tanto como las guerras y las reservaciones.[18]

The American Association of Indian Affairs (AAIA) notó en los años 60 que la impresionante cifra de uno de cada cuatro niños nativos americanos en algunos estados habían sido dados en adopción, ubicados en un hogar sustituto (*foster home*) o en una institución. En las décadas del 60 y 70 varios grupos de nativos americanos y afroamericanos, incluyendo la AAIA y la *National Association of Black Social Workers*, protestaron en contra de la continua remoción, promovida por el estado, de los niños de estas comunidades y de su reubicación en familias blancas.[19]

El actual crecimiento de las adopciones internacionales ilumina las continuas ironías en las políticas inmigratorias estadounidenses. La mayor parte las llevan a cabo familias blancas de clase media y con niños de países cuyos habitantes enfrentan severas restricciones al intentar entrar a los Estados Unidos. No obstante, para los niños adoptados por familias blancas, las leyes y la práctica despejan el camino. En el verano de 2006, mientras las bombas israelíes arrollaban sistemáticamente al Líbano, los libaneses, desesperados por escapar y ponerse a salvo, encontraron las puertas cerradas de aquellos países supuestamente "democráticos y liberales". Recordando lo que Paul Farmer dijo sobre Haití a comienzos de 1980, el país comenzaba a parecerse a un edificio en llamas sin salidas para incendios. En medio de todo, *The Boston Globe* reportó con alegría que "Logan Edward Maroon Gabriel había llegado a casa, finalmente". Una mujer de Salem, New Hampshire, se encontraba en Beirut para completar la adopción de un bebé cuando comenzó la invasión. En contraste con los cientos de miles de libaneses sin salida, los papeles de este bebé se tramitaron con rapidez, y la foto de la nueva familia feliz, reunida con "cientos de familiares y amigos que los ovacionaban" en el aeropuerto de Boston, apareció en los diarios.[20]

Mito 19

Necesitamos proteger nuestras fronteras para prevenir que terroristas y criminales entren a nuestro país

La posibilidad de que un ciudadano cometa un crimen o un acto terrorista es tan real como la posibilidad de que un inmigrante lo haga. En ningún país existe un monopolio de transgresores y en ningún país son estos inexistentes. Un Estado de Derecho y una legítima prosecución de quienes cometen crímenes tiene mucho más sentido que cerrar las fronteras para reducir la criminalidad.

Los actos terroristas ocurridos en los Estados Unidos los han cometido tanto ciudadanos como inmigrantes, y por causas relacionadas con problemas domésticos e internacionales. En su informe del año 2000, el FBI reportó que no había ocurrido ningún incidente de terrorismo internacional dentro de los Estados Unidos, pero sí ocho de terrorismo doméstico, estos últimos a manos de ciudadanos estadounidenses pertenecientes a grupos medioambientalistas o a favor de los derechos de los animales. En el 2001, hubo doce hechos de terrorismo doméstico, uno de terrorismo internacional (los ataques del 11 de septiembre) y otro de orígenes desconocidos (los ataques con ántrax). Los grupos ambientalistas y los que luchan a favor de los derechos de los animales (en este caso el Frente de Liberación de la Tierra (*Earth Liberation Front*) y el Frente de la Liberación de los Animales (*Animal Liberation Front*) fueron aparentemente, de nuevo, los autores de varios de los doce incidentes domésticos; también entre los doce sucesos hubo dos llevados a cabo por activistas contra el aborto.[1]

Los implicados en los ataques del 11 de septiembre, que en escala minimizan los otros ataques ocurridos ese mismo año en los Estados Unidos, no eran ciudadanos. Sin embargo, salvo cuatro de los involucrados, todos se encontraban autorizados legalmente a permanecer en el país en el momento del ataque, bien con visas de turistas o estudiantes. El *Center for Immigration Studies* (Centro de Estudios sobre la Inmigración), que tiene una posición anti-inmigrante, realizó un estudio sobre cuarenta y ocho "militantes terroristas islámicos" que cometieron crímenes en los Estados Unidos. Los resultados demostraron que treinta y seis del total de los sujetos se encontraban legalmente autorizados a estar en el país en el momento cuando cometieron los ataques; diecisiete eran residentes permanentes o ciudadanos naturalizados. Todos habían ingresado de manera legal. Los que no eran residentes permanentes también habían recibido visas —la mayoría, de turistas— y la mayor parte no había violado los términos de sus visas.[2] Sus crímenes fueron de violencia, no de inmigración. Ni el muro más alto ni la frontera más militarizada podrían haberlos frenado.

Ciertamente en el pasado hubo, y podría también haber en el futuro, individuos que trabajaban con organizaciones terroristas internacionales y que querían entrar a los Estados Unidos. No obstante, estas son las personas que menos se espera que se arriesguen a ser arrestadas o a morir en el intento de cruzar la frontera ilegalmente. Es más probable que los miembros de una organización internacional como Al-Qaeda, los autores de los ataques del 11 de septiembre, utilicen canales perfectamente legales para entrar a los Estados Unidos, como en efecto hicieron en ese caso.

¿Esto quiere decir que deberíamos hacer una mejor o tal vez diferente inspección de quienes desean entrar a los Estados Unidos por medios legales? Probablemente. Pero investigar a las personas que cruzan la frontera con el objetivo de impedir ataques terroristas no constituye un método efectivo sino un espejismo. Así como los aviones estadounidenses cruzan las fronteras internacionales para lanzar bombas, haciéndolo usualmente sin atravesar ningún proceso de control inmigratorio, los Estados Unidos también podrían volverse víctimas de ataques internacionales a pesar de sus políticas de control fronterizo. Los aviones que estrellaron contra las Torres Gemelas el 11 de septiembre despegaron del aeropuerto de Boston… Pero podrían haber despegado de cualquier otro país. Secuestradores e invasores han demostrado su capacidad para cruzar las fronteras y matar a personas sin permiso. Y los criminales podrían nacer en cualquier lugar, incluyendo los Estados Unidos. No hay ninguna relación lógica entre la seguridad en las fronteras y la prevención del terrorismo.

¿Entonces no hay nada que se pueda hacer para prevenir futuros ataques terroristas? Primero, quienes vivimos en los Estados Unidos debemos recordar que el número de civiles muertos por ataques del ejército norteamericano en otros países excede ampliamente el de civiles estadounidenses muertos en ataques en los Estados Unidos o en otros lugares. Entonces, contener la agresión de las fuerzas armadas norteamericanas sería probablemente una de las formas más efectivas de lograr la reducción global de los ataques sobre los civiles desarmados.

En cuanto a la prevención de futuros ataques contra objetivos estadounidenses, la combinación de dos caminos se plantea como la posibilidad más acertada para lograrlo. En primer lugar, conseguir la reducción de las tensiones globales —y en particular del unilateralismo y la agresión estadounidense— podría reducir sustancialmente el antiamericanismo en otros países. En segundo, un efectivo trabajo policial y de investigación —avalado por leyes y acuerdos internacionales y la Convención de Ginebra—, al menos ofrece la posibilidad de trabajar por un mundo gobernado por leyes, en el que los criminales sean procesados legalmente por los crímenes que cometen, y a quienes no se les acuse de ningún crimen se les libere del destino de convertirse en víctimas de un daño colateral.

Mito 20

Los inmigrantes que entran al país ilegalmente están violando nuestras leyes; por lo tanto, son criminales y deberían ser deportados

Como hemos visto, en la historia de nuestro país se han aprobado muchas leyes que hoy se consideran injustas y discriminatorias. Las leyes originales norteamericanas avalaron la esclavitud y la ciudadanía limitada a hombres blancos. Más adelante, justificaron linchamientos y segregaciones. Cuando miramos la historia, generalmente honramos a las personas que infringieron esas leyes. Rosa Parks quebrantó una ley cuando se rehusó a cambiar de asiento por otro en la parte trasera del autobús. Harriet Tubman hizo lo mismo cuando escapó y ayudó a crear el Ferrocarril Subterráneo (*Underground Railroad*).

Las leyes de inmigración son muy diferentes de las que usualmente tenemos en la mente cuando hablamos sobre personas que rompen la ley. "Romper la ley" convoca imágenes de asaltos, robos, asesinatos —violaciones de las leyes creadas para proteger a las personas de algún posible daño.

Como otras legislaciones discriminatorias durante la historia de nuestro país, las leyes de inmigración definen y diferencian el estatus legal sobre la base de atributos arbitrarios. Crean derechos desiguales. Las personas que infringen las leyes de inmigración no causan daño ni siquiera potencial (distinto, por ejemplo, a conducir en un estado de ebriedad, que crea un daño de ese tipo incluso cuando no sucede ningún accidente). Más bien están haciendo algo perfectamente legal para otros, pero que a ellos les es denegado, como cruzar una frontera o el simple hecho de existir.

Algunos inmigrantes indocumentados cruzaron la frontera "ilegalmente", pero también muchos, de hecho, obtuvieron un permiso legal para cruzarla y entraron con visas que les permitieron quedarse de manera temporal. Cuando expiraron, se convirtieron en "ilegales" de la noche a la mañana.

Algunos ciudadanos se preguntan por qué los inmigrantes simplemente no "obedecen las leyes" y hacen los trámites apropiados, o renuevan sus visas, o se convierten en ciudadanos y, por lo tanto, se "legalizan". La razón es la misma por la que Rosa Parks no se sentó "legalmente" en la parte delantera del autobús, o Harriet Tubman no se emancipó "legalmente" de la esclavitud: las leyes fueron concebidas para no permitirles a ciertos grupos de personas tener los mismos derechos que otros tienen y disfrutan.

"Si yo tuviera los recursos y las conexiones para obtener una visa y venir legalmente", dijo un inmigrante mexicano indocumentado, "no necesitaría irme de México para trabajar en este país". O citando las palabras del demógrafo Jeffrey Passel, del Pew Hispanic Center: "Para la mayoría de los mexicanos, no hay fila que hacer para poder entrar".[1]

En el 2011, por ejemplo, para los posibles inmigrantes de Filipinas el gobierno de los Estados Unidos estaba concediendo visas a personas que habían aplicado en 1991. La manera como funciona el sistema de preferencias es que si un filipino no tiene familia inmediata en los Estados Unidos, ni siquiera puede esperar en fila por una visa. Para las personas en la "cuarta categoría de preferencia" —hermanos y hermanas de ciudadanos norteamericanos—, las visas recién comenzaban a estar a disposición sólo para los que habían aplicado en 1991. Si en el 2011 alguien caía en la "primera categoría de preferencia" —hijos de ciudadanos estadounidenses no casados— el Servicio de Inmigración asignaba visas a quienes habían aplicado en 1997.[2]

Lo que le sucedió a Joseph Dantica, un pastor bautista de Haití de ochenta y un años de edad, puede servir para ilustrar el extraño e infernal mundo que divide a los inmigrantes "legales" de los "ilegales". Este reverendo poseía una visa de turista válida para entradas múltiples a los Estados Unidos. En octubre de 2004 unas pandillas armadas atacaron su hogar y su iglesia, ubicados en un pobre vecindario en Port-au-Prince, y amenazaron con matarlo si no les entregaba la cantidad de dinero que demandaban. Después de esconderse durante varios días, Dantica utilizó su visa para volar a los Estados Unidos, donde vivían varios miembros de su familia.

Cuando pasó por Inmigración en Miami, su visa fue aprobada y sellada para entrar. Luego el oficial le preguntó por cuánto tiempo pretendía quedarse en el país. Cuando dijo que su intención era pedir asilo político porque temía ser asesinado si volvía a Haití, fue arrestado.

La ley le permitió su entrada a los Estados Unidos con una visa de turista; también pedir asilo político en los Estados Unidos, pero también le dijo que sería arrestado por hacerlo. A los haitianos que solicitan asilo dentro de los Estados Unidos se les considera culpables hasta probarse lo contrario.

En el caso de Dantica, los oficiales de inmigración le confiscaron sus medicamentos cuando lo encarcelaron; después de cuatro días, murió en el Centro de Detención Krome. A los miembros de su familia se les negó el derecho de verlo antes de morir.[3]

Técnicamente, la ley autorizó su arresto. Si hubiera sido cubano y no haitiano, no lo hubieran arrestado. En cambio, debido a la política de 1995 conocida como "Pies mojados, pies secos" (*wet foot, dry foot*), los cubanos son automáticamente elegibles para obtener asilo si pisan territorio estadounidense. Por este motivo el escritor Tom Miller, comentando acerca de las manifestaciones por los derechos de los inmigrantes llevadas a cabo en 2006, sugirió lo siguiente: "Lo que realmente quieren es ser tratados como cubanos… Ellos [los cubanos] no necesitan vadear el Río Grande o atravesar el Desierto de Sonora caminando —simplemente pueden acercarse a cualquier puerto de entrada a lo largo de los 3,200 kilómetros (2,000 millas) de frontera y decirle a cualquier inspector de inmigración estadounidense: 'Soy cubano, ¿me permite entrar?' Y la respuesta es casi siempre que sí, adelante".[4]

Dantica es uno de los miles y miles de inmigrantes que cada año cometen un crimen sin víctima, crimen considerado ilegal no por lo que se haya hecho, sino por quiénes lo cometieron. Los mexicanos cruzan la frontera "ilegalmente" porque no les está permitido cruzarla "legalmente". La ley discrimina porque considera ilegal que algunos hagan algo que para otros es perfectamente legal.

Mito 21

Los problemas que este libro plantea son tan vastos, que no hay nada que podamos hacer para solucionarlos

A lo largo de este libro, he intentado demostrar que la inmigración forma parte de un sistema global interconectado, forjado por la historia y la economía. El ser humano ha estado migrando desde el momento en que fue capaz de caminar erguido, millones de años atrás. Las fronteras nacionales y los intentos gubernamentales por controlar los flujos migratorios se crearon hace sólo unos pocos cientos de años.

La actual inmigración está estructurada por relaciones contemporáneas entre países y regiones, y por una historia de disparidad económica. Las desigualdades en las relaciones económicas deberían cambiarse. No porque resulten en migraciones, sino porque generan sufrimiento entre las personas y crean un mundo insostenible. Los altos niveles migratorios resultan sintomáticos de un sistema económico global que privilegia a unos pocos a expensas de la mayoría. Llámese capitalismo, neoliberalismo, globalización o neocolonialismo, en la medida en que se sostenga la desigual distribución de los recursos, la gente continuará huyendo de las regiones que se mantienen deliberadamente pobres e inhospitalarias, y seguirá buscando libertad en los lugares donde se han concentrado los recursos mundiales: en aquellos países que han ejercido el control y han sido beneficiarios del sistema económico global creado partir de 1492.

Si nuestra meta es reducir la migración, entonces la mejor manera de alcanzarla es trabajar por un sistema global más igualitario. Pero ¿por qué tenemos como objetivo reducirla? Las migraciones constituyen sólo un síntoma de un problema real: la desigualdad global. Las alambradas y las fronteras propuestas para contener la migración solo refuerzan la disparidad global.

Claramente, la desigualdad global no puede solucionarse de la noche a la mañana. Y las políticas inmigratorias son sólo una pieza de un gran engranaje. Tratar de imaginarse cómo llegar de nuestro estado actual a un mundo más justo e igualitario podría resultar abrumador.

Sin embrago, hay por supuesto pasos concretos que podríamos emprender para hacer nuestras políticas inmigratorias más humanas.

Una política de inmigración más humana podría reducir el sufrimiento de manera significativa, si bien limitada. Esa política de por sí no generaría tanta diferencia en la forma como el mundo está estructurado; no obstante, si los cambios en las políticas inmigratorias estuvieran acompañados por pequeños pasos similares para hacer más tolerables las garrafales injusticias en otras áreas, podríamos ubicarnos en el camino de crear un mundo mejor.

En un mundo más equitativo, los problemas fronterizos dejarían de tener la importancia que tienen. Consideremos el ejemplo de la Unión Europea. Dada la relativa paridad en la distribución de los recursos, el poder y las oportunidades de los países europeos, la virtual eliminación de las fronteras no fue un evento trascendental. Otro ejemplo de fronteras relativamente abiertas es el que existe entre los varios estados de los Estados Unidos. Los residentes de Massachusetts pueden viajar libremente a Connecticut mediante una frontera sin controles. No obstante, mientras permanezcan ahí, estarán sujetos a los límites de velocidad, a los impuestos y a las leyes del uso del cinturón de seguridad de Connecticut. Es completamente posible la coexistencia de fronteras abiertas con una administración ordenada y un Estado de Derecho.

Hoy las políticas inmigratorias se encuentran sobrecargadas de disposiciones inhumanas, casi salvajes. Para mejorarlas, se debería ante todo eliminar sus características más perniciosas. Se podría comenzar por abolir los cargos punitivos y discriminatorios implementados durante las últimas décadas, sobre todo los del Acta de la Reforma de Inmigración Ilegal y la Responsabilidad del Inmigrante (*Illegal Immigration Reform and Immigrant Responsibility Act*- IIRAIRA) de 1996.[1] Revocar algunos de los elementos más draconianos de esta ley sería un primer paso lógico en un proceso destinado, eventualmente, a garantizar una total igualdad ante la ley para los inmigrantes.

Otro sería dar marcha atrás a la militarización de la frontera, comenzada con la Operación Guardián en 1993, y crear un amplio sistema legal para entrar al país. Si el cruce de la frontera no se considerara un crimen, casi todos los inmigrantes futuros se animarían a pasar por los puntos de inspección, como lo hacen, por ejemplo, la mayoría de los ciudadanos estadounidenses cuando viajan a México o Canadá. No tendrían que acudir a contrabandistas o arriesgarse por el desierto. Los que ya están en los Estados Unidos podrían retornar a sus hogares libremente. Familias enteras podrían volver a reunirse.

Otorgar todos los derechos legales a todos los inmigrantes sería un gran paso hacia la eliminación de la explotación económica de los trabajadores inmigrantes. Algunos inmigrantes, como algunos ciudadanos, probablemente continuarían trabajando en el sector informal, sin pagar impuestos y cobrando su salario en efectivo. Sin embargo, los empleadores ya no podrían continuar amenazándolos con la deportación, y los trabajadores no estarían sujetos al constante miedo de ser descubiertos. La posibilidad de hacer valer sus derechos y de sindicalizarse mejoraría ostensiblemente. Estos primeros pasos nos pondrían en el camino hacia una política de inmigración humana.

¿Podrían esos pasos derivar en un gran influjo inmigratorio? Es difícil decirlo, pero la mayoría de las señales sugieren lo contrario. El incremento de las políticas punitivas, peligrosas y de explotación de las últimas dos décadas no ha significado decrecimiento alguno de la inmigración. Todo lo contrario: ha ido creciendo a un ritmo constante en la medida en que las políticas anti-inmigrantes se han ido tornando más severas. Como he tratado de demostrar en este libro, los principales factores que causan la inmigración son estructurales, económicas e históricas, y tienen que ver con las relaciones globales y la desigualdad global.

Por supuesto, tomar medidas para humanizar las políticas inmigratorias no eliminaría las desigualdades económicas, globales y domésticas que informan y causan la emigración. No obstante, hay también pequeños pasos que podríamos concebir para crear una sociedad y un mundo más igualitarios. Si bien conducirían inevitablemente a una disminución de las migraciones, esta no debería ser el principal motivo. Deberíamos trabajar por un mundo más justo, pero por razones morales, éticas y humanitarias. Las migraciones, entonces, se reducirían porque las vidas mismas de los pobres se tornarían sostenibles: se trata de un fin digno en sí mismo.

Domésticamente, podríamos pensar en retejer y reforzar la red de seguridad social, deshilachada desde los años 70. Trabajar por un sistema nacional de salud y por la universalidad de la educación preescolar podría ser un buen punto de partida, o reestructurar el sistema impositivo para que las corporaciones y los súper ricos paguen una justa proporción, o reforzar la responsabilidad de las corporaciones con sus trabajadores y las comunidades. Podríamos trabajar por una semana laboral de treinta horas y por el pleno empleo.

Globalmente, podríamos perdonar las deudas del Tercer Mundo y crear un sistema de vigilancia democrático sobre las corporaciones estadounidenses que operan en el exterior. Podríamos respetar la soberanía de gobiernos como los de Cuba, Venezuela y Bolivia, que experimentan con diferentes modelos económicos. Podríamos eliminar la "ayuda" militar, utilizada sobre todo en Latinoamérica para reprimir los movimientos por el cambio social.

Tratar de construir un nuevo mundo con relaciones más justas constituye un objetivo digno en sí mismo, sin tener en cuenta los efectos que podría tener sobre las migraciones. Pero un mundo más justo también redundará, inevitablemente, en un declive de la migración. Algunos inmigrantes salen de su patria natal por diversión, en busca de aventuras o por curiosidad. La gran mayoría, sin embargo, lo hace porque no tiene otra alternativa. Como último recurso, dejan atrás sus hogares, sus familias y a quienes aman.

Continuar con las mismas políticas exteriores que han elevado al mundo a su estado actual no cambiaría las estructuras de desigualdad global. Más invasiones, más dominación externa, más "comercio libre" y más inversión no es la solución. Un sistema global diferente debería conllevar una distribución más justa de los recursos mundiales. Significaría que los países industrializados —liderados por los Estados Unidos, el mayor consumidor de recursos en el mundo— tendrían que disminuir sus niveles de consumo para que quede algo para el resto del mundo. El escritor uruguayo Eduardo Galeano escribió en 1992:

> Un estadounidense, como promedio, consume tanto como cincuenta haitianos… ¿Qué pasaría si los cincuenta haitianos consumieran tantos autos, tantas televisiones, tantos refrigeradores o tantos bienes de lujo como aquel estadounidense? Nada. Nada pasaría de nuevo, jamás. Tendríamos que cambiar de planeta. El nuestro, que ya se encuentra cerca de la catástrofe, no lo aguantaría.
>
> El precario equilibrio del mundo depende de la perpetuación de la injusticia. Para que algunos consuman más, otros tienen que consumir menos. Para mantener a las personas en su lugar, el sistema produce armamentos. Incapaz de luchar contra la pobreza, el sistema lucha contra los pobres. [2]

Años después de que Galeano escribiera estas palabras, la guerra contra los inmigrantes continúa la lucha contra los pobres.

Epílogo

Cuando estaba terminando de escribir este libro, tuve la oportunidad de viajar a una remota región en Colombia y ver con mis propios ojos algunos de los cambios económicos globales que han contribuido al surgimiento de la inmigración de las recientes décadas, y que continuarán haciéndolo en el futuro.

La península de La Guajira, Colombia, es una de las regiones más pobres y aisladas del país. Exceptuando escasos sitios turísticos de la costa, muy pocos extranjeros e incluso pocos colombianos viajan a este lugar. Debido a que bordea Venezuela y linda con el mar Caribe, durante cientos de años ha mantenido una pequeña economía local de comercio y contrabando, desde metales preciosos hasta cigarros, desde drogas ilegales hasta gasolina.

Su población está compuesta por indígenas wayuu —el grupo indígena más grande de Colombia— y por otras pequeñas comunidades de afrocolombianos y mestizos. La presencia wayuu en la península data de tiempos anteriores a la conquista española. Las historias de las comunidades afrocolombianas narran que descendieron de los esclavos africanos que se rebelaron y obtuvieron su libertad en un barco enfilado hacia el Caribe. Tomaron el mando y desembarcaron en La Guajira, donde se abrieron camino hacia el interior y fundaron las cuatro comunidades originales.

Si existen en la península servicios públicos, son en realidad muy escasos. En la región desértica del norte, la mayoría de los habitantes wayuu son pastores seminómadas. Organizados en clanes matrilineales, se trasladan con sus rebaños hacia lugares donde haya agua. Muchas mujeres son monolingües y por consiguiente sólo pueden comunicarse en la lengua wayuu, pero muchos de los hombres hablan español. En el sur, tanto las comunidades afrocolombianas como las indígenas y mestizas encontraron tierras de labranza y dependieron del río Ranchería, que corre por el sur de la península, como fuente de agua.

El desarrollo económico llegó abruptamente a La Guajira a principios de 1980 y muy pronto convirtió la zona en la mina de carbón a cielo abierto más grande del mundo. La corporación Exxon creó un consorcio empresarial con el gobierno colombiano para explorar y explotarla. Más adelante fue privatizada y vendida a un consorcio de algunas de las más grandes multinacionales de la minería: BHP Billiton, Glencore y Anglo-American.

Indudablemente, la mina trajo un desarrollo económico. Pero fue exactamente el tipo de desarrollo distorsionado que destruye a las tradicionales comunidades agrícolas y prepara el escenario para la migración.

Engulló tierras antes productivas y las convirtió en un pozo gigante en el suelo de 56 km (35 millas) de largo y 8 km (5 millas) de ancho. Generó un polvo que cubre y sofoca la región a kilómetros alrededor de la propia mina. Contaminó al río Ranchería hasta tornarlo nauseabundo, dejando a las pequeñas comunidades sin su fuente de agua.

"La comunidad no tiene ninguna fuente de trabajo para poder sostener cómodamente a su familia", escribieron varios indígenas de Tamaquito en el verano del 2006. "No contamos con fuente de trabajo para poderle comprar a nuestras mujeres los materiales para realizar sus actividades artesanales... La comunidad se está enfermando por culpa de la contaminación de El Cerrejón y no nos dejan cultivar en sus tierras. No podemos criar animales porque también se mueren. Los cultivos no se cosechan por la quema de la carbonilla".

Luego de ser sometidos a las mismas condiciones durante años, en el verano de 2001 la comunidad afrocolombiana de Tabaco fue desplazada violentamente al continuar la inexorable expansión de la mina. "Quiero contarles un poco cómo vivíamos en Tabaco", le dijo un ex residente a nuestra delegación cuando visitamos la región cinco años después. "La vida era rica, compartíamos todo, nadie sufría porque compartíamos lo que teníamos. Había un río cerca del pueblo. Teníamos tierras. Caminábamos libremente por todo el territorio. En los últimos nueve años no hemos tenido tierras para labrar, somos constantemente desplazados, no tenemos viviendas. Yo tenía una finca, yo tenía animales, pero me echaron de ahí y perdí todo… Crié a mis doce hijos ahí. Cuando perdí mi tierra, no pude continuar educándolos. Todavía soy dueño de un pequeño terreno, pero está en el medio de la tierra de la compañía y ni siquiera podemos llegar a él".

Durante los pasados quinientos años la tendencia global, acelerada durante el último medio siglo, ha sido la migración rural-urbana. Históricamente, los campesinos han estado apegados a su tierra con tenacidad. Las voces de la gente de Tamaquito y Tabaco se hacen eco de las de millones de personas desterradas de sus pequeñas parcelas durante cientos de años. Una enorme violencia, coerción y sufrimiento humano resultaron necesarios para separar a los africanos de sus tierras y traerlos a las Américas como trabajadores forzados; para separar a las comunidades de indígenas americanos de sus tierras para crear plantaciones y minas.

Una vez rota la conexión que desde siempre ha unido a los campesinos con sus tierras, es casi imposible restaurarla. Cuando sus hijos dejan atrás sus tierras para ir a las ciudades, casi nada puede convencerlos de volver a su vida en el campo.

Es un proceso doloroso, desgarrador y casi irreversible. Ya ha ocurrido en la mayor parte del mundo: en el 2010, la mitad de la población mundial vivía en áreas urbanas por primera vez en la historia.[1]

La visita a La Guajira me dio un directo e inigualable vistazo del proceso precisamente en el momento de despojo. Las pequeñas comunidades agrícolas de alrededor de la mina apenas podían continuar resistiendo. Sus tierras habían sido absorbidas, su fuente de agua contaminada, el aire estaba espeso de tanto polvo, sus animales morían y sus niños tosían constantemente. Pero las personas se mantenían firmes. "Somos campesinos. Lo único que sabemos hacer es cultivar la tierra. Lo que necesitamos es territorio para volver a ser lo que éramos". Este era su estribillo infinito.

"¿Por qué simplemente no se van?", nos preguntó un representante de la embajada estadounidense cuando nos reunimos con él luego de nuestra visita a La Guajira y le describimos la insufrible situación de los aldeanos. ¿Por qué, realmente? ¿Adónde irían? ¿Se unirían a los otros tres millones de personas desterradas en Colombia, viviendo en los barrios que rodean las grandes áreas urbanas para terminar revolviendo los vertederos de basura buscando comida? ¿Se irían a los Estados Unidos?

Para mí fue bastante dramático poder conocer a estas comunidades en un momento histórico donde aún continuaban completamente decididos a mantener su vida comunal y agrícola: vidas que estaban siendo socavadas y destruidas por la modernización.

Si uno de los objetivos de una política migratoria más humanitaria consiste en reducir el sufrimiento humano, entonces las necesidades y deseos de las comunidades campesinas en lucha por mantener sus culturas y sus tradicionales estilos de vida deberían ser una pauta fundamental. Si bien las migraciones de por sí no son ni buenas ni malas, la destrucción de las comunidades y las culturas alrededor del mundo es indiscutiblemente perniciosa para las personas que forman parte de ellas.

Cronología

1790 Se aprueba la primera Ley de Naturalización. Restringe la naturalización a "personas blancas y libres".[1]

1798 Las Leyes de Extranjería y Sedición (*Alien and Sedition Acts*) promueven la deportación de inmigrantes "peligrosos".

1803 La Compra de la Louisiana duplica el tamaño del territorio estadounidense e incorpora nuevas poblaciones.

1808 Se prohíbe la importación de esclavos.

1819 La primera legislación federal de inmigración exige reportar todas las entradas al país.

1830 El Acta de Remoción de los Indios (*Indian Removal Act*) resulta en la deportación de cien mil nativos americanos al oeste del Mississippi.

1848 El Tratado Guadalupe-Hidalgo expande las fronteras de los Estados Unidos hacia el Pacífico. A los residentes mexicanos se les da la opción de declararse ciudadanos estadounidenses o mexicanos.

1855 A las mujeres inmigrantes se les concede la ciudadanía automáticamente al casarse con un ciudadano, o por la naturalización de su marido.

1857 La decisión de Dred Scott determina que los afroamericanos no pueden ser ciudadanos.

1864 La Ley sobre Trabajadores Contratados (*Contract Labor Law*) permite reclutar trabajadores extranjeros.

1868 La 14 Enmienda garantiza la ciudadanía a todo afroamericano nacido en los Estados Unidos.

1870   El Acta de Naturalización (*Naturalization Act*) permite que puedan naturalizarse "las personas blancas y las personas con ascendencia africana".

1875   Se prohíbe la entrada al país a convictos y prostitutas.

1882   La Ley de Exclusión de Chinos (*Chinese Exclusion Act*) prohíbe la entrada de chinos durante diez años.

Se impone un impuesto per cápita de 50 centavos a los inmigrantes.

Debido a la exclusión china, crece la migración proveniente de México, tanto la migración golondrina como de tiempo extendido.

1885   La Ley sobre Trabajadores Contratados prohíbe la entrada por mar de trabajadores reclutados en el exterior, si bien continúa permitiendo el reclutamiento por contrato de trabajadores mexicanos.

1891   Se establece la Agencia de Inmigración (*Bureau of Immigration*) bajo el Departamento del Tesoro (*Treasury Department*). Supervisará y reforzará la ley federal de inmigración.

Se requiere a las compañías de buques a vapor devolver a su país a todos los inmigrantes que clasifiquen en categorías excluidas.

1892   Se abre la Estación Federal de Inmigración en Ellis Island para someter a chequeos a los inmigrantes que vienen de Europa.

1898   Los Estados Unidos toman a Puerto Rico, Guam, Las Filipinas y Hawai como "territorios". A los residentes no se les concede la ciudadanía, pero al ser considerados "nacionales", pueden entrar sin restricciones al territorio continental estadounidense.

1902   La Ley de Exclusión de Chinos se renueva indefinidamente.

1903   Anarquistas, epilépticos, polígamos y mendigos son declarados inadmisibles.

La Agencia de Inmigración se transfiere al Departamento de Comercio y Trabajo (*Department of Commerce and Labor*).

1906   Se requiere el conocimiento del inglés para adquirir la naturalización.

La Agencia de Inmigración se convierte en la Agencia de Inmigración y Naturalización (*Bureau of Immigration and Naturalization*). Ambas se dividen en 1913 y se reúnen en 1933 bajo el Departamento de Trabajo como el Servicio de Inmigración y Naturalización (*Immigration and Naturalization Service*).

Primera inspección en la frontera mexicana, destinada a evitar que los chinos entren por México.

1907   El Acuerdo de Caballeros (*Gentleman's Agreement*) con Japón restringe la inmigración japonesa.

Se incrementa el impuesto per cápita.

Son excluidas las personas con defectos mentales o físicos, los tuberculosos y los niños no acompañados por sus padres.

Las mujeres pierden la ciudadanía al casarse con un no ciudadano.

1917 Se delimita una gran zona en Asia a la que se le prohíbe la entrada al país (*Asiatic Barred Zone*).

Se establecen requisitos de alfabetización para inmigrantes europeos.

El Programa de Trabajadores Temporales o Eventuales (*Temporary Guest-Worker Program*) exime a los mexicanos de los requerimientos de alfabetización y de los impuestos per cápita.

Se concede la ciudadanía a los puertorriqueños.

1918 La Ley de Pasaporte (*Passport Act*) requiere documentación oficial para entrar a los Estados Unidos. Se conceden tarjetas para cruzar la frontera (*Border Crossing Cards*) a canadienses y mexicanos.

1921 La Ley de Cuotas (*Quota Act*) limita la inmigración anual de Europa al 3% de cada nacionalidad europea presente en los Estados Unidos en 1910. Se requiere una visa para entrar, otorgada en el país de origen. A los no europeos no se les incluye en el acta. A los asiáticos se les continúa prohibiendo la entrada, mientras las personas del Hemisferio Occidental pueden entrar ilimitadamente. A los africanos se les ignora.

1922 Se suprime el Programa de Trabajadores Temporales o Eventuales.

La ciudadanía de la mujer es separada de la de su marido (excepto si se casa con un extranjero definido como racialmente inelegible para ser ciudadano. En ese caso, sí pierde la ciudadanía).

1924 La Ley de Cuotas es modificada a un 2% de cada nacionalidad a partir de las estadísticas de los Estados Unidos en 1890. Aún se aplica sólo a los europeos.

Se crea la Patrulla Fronteriza (*Border Patrol*).

Se concede la ciudadanía a los nativos americanos nacidos en los Estados Unidos, si bien aún no se les permite naturalizarse.

1929 Se hace permanente La Ley de Cuotas de 1924.

1930 Comienza la deportación de millones de mexicanos.

1934 La Ley de Independencia Filipina (*Philippine Independence Act*) convierte a las Filipinas en Estado Libre Asociado con los Estados Unidos; los filipinos ya no son más "nacionales". Se les concede una cuota anual inmigratoria de cincuenta.

1940 El Acta de Registro de Extranjeros (*Alien Registration Act* o *Smith Act*) promueve penalidades, incluyendo la deportación a las personas no ciudadanas, por actividades subversivas. También exige las huellas digitales y el registro de todos los extranjeros.

Se permite la naturalización a "los descendientes de las razas indígenas del Hemisferio Occidental".

1941 Comienza el internamiento de "enemigos extranjeros", principalmente japoneses. Se encarcela a 120,000 japoneses-americanos hasta alrededor de 1945.

1942 Se establece el Programa Bracero para contratar trabajadores temporales mexicanos en el área de la agricultura.

1943 Se revoca la Ley de Exclusión de Chinos. A los chinos se les permite convertirse en ciudadanos naturalizados. Se les concede una cuota anual de 105.

Se establece el Programa de las Antillas Británicas (*British West Indies Program*) para importar trabajadores temporales en el área de la agricultura a once estados orientales (especialmente Florida).

1945 El Acta de Esposas en Tiempo de Guerra (*War Brides Act*) permite la inmigración de las esposas extranjeras de los miembros de las Fuerzas Armadas de los Estados Unidos.

1946 A filipinos e indios (de Asia) se les permite naturalizarse (otros asiáticos, incluyendo coreanos, japoneses y asiáticos del sudeste, son aún inelegibles para la ciudadanía).

1947 La Operación Manos a la Obra (*Operation Bootstrap*) en Puerto Rico prepara el escenario para la "gran migración" hacia territorio continental norteamericano en los años 50.

A la recientemente formada Pakistán se le concede una cuota de cien.

1948 El Acta de Personas Desplazadas (*Displaced Persons Act*) permite la entrada de 205,000 europeos refugiados de guerra durante dos años.

El Programa de Visitantes de Intercambio (*Exchange Visitor Program*) trae a enfermeras filipinas a estudiar a los Estados Unidos.

1949 Se crea la CIA y se le concede una cuota de cien para traer extranjeros útiles para "la misión nacional" sin considerar su admisibilidad.[2]

1952 El Acta de Inmigración y Nacionalidad/Acta McCarran-Walter (*Immigration and Nationality Act/McCarran-Walter Act*) técnicamente elimina la raza como impedimento para la inmigración o la ciudadanía. Se suprime la prohibición para la zona asiática anteriormente delimitada y a los inmigrantes de esta área se les permite entrar al país. Se establece una cuota anual de 185 a Japón. China se queda en 105; a otros países asiáticos se les dan cien. Los sujetos coloniales no son elegibles para las cuotas (por ejemplo, los antillanos negros no pueden entrar en la cuota británica, si bien son ciudadanos británicos).

Las visas temporales H-2 establecen un significativo pero generalmente desconocido Programa de Trabajadores Temporales o Eventuales.

Se autoriza al Fiscal General a hacer excepciones en las cuotas inmigratorias por motivos de "interés público". Esta provisión se utilizará para los húngaros que huían de la invasión soviética en 1956; para 15,000 chinos huyendo de la Revolución China en 1949; para 145,000 cubanos huyendo de la revolución de 1959, así como para 400,000 refugiados del sudeste asiático entre 1975 y 1980.

Se prohíbe la entrada a "subversivos", y específicamente de comunistas, anarquistas y homosexuales. Esto implica que muchos intelectuales extranjeros no puedan viajar a los Estados Unidos.

1953 El Acta de Alivio a los Refugiados (*Refugee Relief Act*) extiende al Acta de Personas Desplazadas de 1948 para permitir 200,000 más entradas por encima de las cuotas. Se define "refugiado" como una persona que huye de un país comunista o del Medio Oriente. Por primera vez, se considera a los asiáticos como refugiados.

1954 La Operación Wetback o "espaldas mojadas" deporta a un millón de mexicanos indocumentados.

La cantidad que entran mediante el Programa Bracero se incrementa de 200,000 anuales antes de la Operación Wetback a 450,000 anuales hacia finales de los años 50.

1957 Las admisiones de refugiados ya no están sujetas al sistema de cuotas.

1959 Revolución Cubana. El Fiscal General de los Estados Unidos concede a los inmigrantes de ese país una autorización para entrar al país por razones humanitarias.

Hawai se convierte en estado, incrementando significativamente la población "asiática" en los Estados Unidos.

1962 El Programa de Refugiados Cubanos (*Cuban Refugee Program*) da asistencia financiera a los cubanos entrantes.

1962 Se suprime el Programa Bracero.

1965 El Acta Hart-Celler establece una cuota uniforme de 20,000 por país para los países fuera del Hemisferio Occidental y un máximo de 120,000 para los inmigrantes del Hemisferio Occidental. Se privilegia la reunificación de las familias, las habilidades laborales y ser un refugiado. A los miembros de familia inmediata se les exime de las cuotas. Se crean provisiones para 17,400 refugiados por año.

Continúa el H-2 o Programa de Trabajadores Temporales o Eventuales.

La Ley de Derecho al Voto (*Voting Rights Act*) refuerza la ciudadanía de los afroamericanos.

1966   La Ley de Ajuste Cubano (*Cuban Adjustment Act*) ofrece a los cubanos refugio automático y un estatus de residencia legal y permanente a cuenta de la cuota del Hemisferio Occidental.

1975   La Ley para la Ayuda a la Migración y Refugiados de Indochina (*Indochina Migration and Refugee Assistance Act*) provee asistencia para el reasentamiento de refugiados de Camboya y Vietnam (Laos se suma en 1976).

1976   Se aplica una cuota uniforme de 20,000 a los países del hemisferio occidental. Los refugiados cubanos no están incluidos en el sistema de cuotas.

1977   A los refugiados indochinos se les concede el estatus de residentes permanentes.

1978   Las cuotas del Hemisferio Este y Oeste se combinan para permitir un límite global de 290,000.

1980   La Ley de Refugiados (*Refugee Act*) ubica a las leyes estadounidenses en conformidad con la Convención de Refugiados de las Naciones Unidas (*UN Refugee Convention*), firmada por los Estados Unidos en 1968. Permite la entrada de 50,000 refugiados por año, más allá del sistema de cuotas. Define a los refugiados como personas con "fundados temores de ser perseguidas por motivos de raza, religión, nacionalidad, pertenencia a determinado grupo social u opiniones políticas". Establece programas federales para el reasentamiento. Disminuye la cuota global (para los no refugiados) a 270,000 por año.

A las enfermeras registradas se les concede un acceso especial al estatus legal y permanente.

1981   A los inmigrantes que no son residentes permanentes legales (*legal permanent residents*) se les niega el acceso a la mayoría de los programas de asistencia federal.

1982   Operación Trabajos (*Operation Jobs*). El Servicio de Inmigración y Naturalización lleva a cabo redadas en distintos lugares de trabajo y arresta a 5,000 trabajadores indocumentados.

1986   La Ley de Reforma y Control de la Inmigración (*Immigration Reform and Control Act-IRCA*) permite que los inmigrantes indocumentados que puedan probar su presencia en el país desde 1982 y cumplir con otros requisitos, puedan aplicar para la legalización: 1.7 millones aplican. La provisión Trabajadores Agrícolas Especiales (*Special Agricultural Workers-SAW*) permite legalizar a los contratados en trabajos temporales en agricultura en 1985 y 1986. Casi un millón son aprobados. El IRCA impone sanciones: se requiere que los empleadores verifiquen el estatus inmigratorio de los trabajadores contratados.

El Programa de Trabajadores Temporales o Eventuales H-2 se divide en H-2A (trabajadores en el sector de agricultura) y H-2B (trabajadores en otros sectores).

1990   Se incrementa el máximo de la cuota de inmigración global a 675,000 por año, incluyendo 480,000 para inmigrantes patrocinados por la familia, 140,000 para aquellos con "habilidades extraordinarias" y propósitos económicos, y 55,000 "visas de diversidad" para inmigrantes provenientes de países de baja emigración, especialmente Irlanda.

El acuerdo judicial del proceso de La Iglesia Bautista Americana *v.* Thornburgh permite que las personas de Guatemala y El Salvador permanezcan en el país y trabajen mientras los casos de asilo son reevaluados.

1994   La Operación Guardián (*Operation Gatekeeper*) trata de cerrar los puntos de cruce en San Diego con alambradas, aparatos de iluminación de muy alta intensidad y una incrementada Patrulla Fronteriza.

El cruce migratorio comienza a correrse hacia el este, al desierto de Arizona.

El Tratado de Libre Comercio de América del Norte (*North American Free Trade Agreement-NAFTA*) incrementa la integración económica entre los Estados Unidos y México.

1996   El Acta de Reconciliación de la Responsabilidad Personal y la Oportunidad Laboral (*Personal Responsibility and Work Opportunity Reconciliation Act*) no permite a los residentes permanentes legales tener acceso a la mayoría de los programas de asistencia federal (cupones de comida, Medicaid) a menos que hayan vivido en los Estados Unidos durante cinco años. También permite a los estados crear más restricciones.

El Acta de la Reforma de Inmigración Ilegal y la Responsabilidad del Inmigrante (*Illegal Immigration Reform and Immigrant Responsibility Act-* IIRAIRA) aumenta en gran medida los fondos destinados a la Patrulla Fronteriza y la detención de extranjeros; incrementa las penalidades a las entradas ilícitas; facilita la deportación; requiere prueba de ciudadanía para recibir beneficios federales y públicos; exige a las instituciones educacionales dar información sobre estudiantes extranjeros al Servicio Inmigración y Naturalización. A los cubanos se les exime de muchas de las provisiones.

1997   La Ley de Ajuste Nicaragüense y Alivio Centroamericano (*Nicaraguan Adjustment and Central American Relief Act-NACARA*) permite a las personas de Nicaragua y Cuba un acceso más sencillo al estatus de residente permanente legal.

2001 La Ley Patriótica (*Uniting and Strengthening America by Providing Appropriate Tools Required to Intercept and Obstruct Terrorism* -USA PATRIOT *Act*) prohíbe la entrada a personas asociadas con organizaciones o gobiernos partidarios del terrorismo.

2002 El Acta de Seguridad Nacional (*Homeland Security Act*) reemplaza al Servicio de Inmigración y Naturalización con el recientemente formado Servicio de Ciudadanía e Inmigración Estadounidense (*U.S. Citizenship and Immigration Services* -USCIS) bajo el Departamento de Seguridad Nacional (*Department of Homeland Security*).

Notas

Introducción

1. James Loewen, *Lies My Teacher Told Me: Everything Your American History Text-book Got Wrong*, Touchstone, New York, 1995, pp. 146-148.
2. Jeffrey S. Passel, "The Size and Characteristics of the Unauthorized Migrant Population in the U.S.", Pew Hispanic Center, 7 de marzo de 2006, http://pewhispanic.org/files/reports/61.pdf; Steven A Camarota, "Immigrants at Mid-Decade: A Snapshot of America's Foreign Born Population in 2005", Center for Immigration Studies, diciembre 2005, www.cis.org/articles/2005/back1405.html; "Nativity Status and Citizenship in the United States: 2009", American Community Survey Briefs, octubre de 2010, http://www.census.gov/prod/2010pubs/acsbr09-16.pdf; "Place of Birth of the Foreign-Born Population: 2009", American Community Survey Briefs, octubre de 2010, http://www.census.gov/prod/2010pubs/acsbr09-15.pdf.
3. Nolan Malone, Kaali Baluja, Joseph M. Costanzo, y Cynthia J. Davis, "The Foreign Born Population, 2000", www.census.gov/prod/2003pubs/c2kbr-34.pdf. Para el Censo del 2010, véase U.S. Census Bureau, "Nation's Foreign-Born Population Nears 37 Million", comunicado de prensa, 19 octubre, 2010, http://www.census.gov/newsroom/releases/archives/foreignborn_population/cb10-159.html.
4. Pew Hispanic Center, "Hispanics of Puerto Rican Origin in the United States, 2007", July 13, 2009, http://pewhispanic.org/files/factsheets/48.pdf; Jeffrey S. Passel y Robert Suro, "Rise, Peak and Decline: Trends in U.S. Im-

migration 1992-2004", Pew Hispanic Center, 27 de septiembre de 2005, http://pewhispanic.org/files/reports/53.pdf.

5. La inmigración declinó en las décadas de los 20, 30 y 40, pero comenzó a aumentar otra vez, lentamente, en las décadas de los 50 y 60 y más rápidamente en las décadas de los 70 y 80. (Aun cuando menos inmigrantes llegaron en la década de los 20, en comparación con décadas anteriores, las cifras de inmigrantes que entraron a los Estados Unidos excedieron el número de decesos de personas nacidas en el extranjero, haciendo que 1930 se convirtiera en el año de mayor auge). En términos de porcentaje, el punto más bajo de la población nacida en el extranjero fue el 1970, con 4.7%, o 9.6 millones de personas. Los números y porcentajes de las personas nacidas en el extranjero aumentaron a 6.2% o 14.1 millones de personas en 1980; y a 7.9% o 19.8 millones de personas en 1990. Véase Campbell J. Gibson y Emily Lennon, "Historical Census Statistics on the Foreign-Born Population of the United States: 1850-1990", Population Division Working Paper no. 29, febrero de 1999, www.census.gov/population/www/documentation/twps0029/tws0029.html.

6. Arthur M. Schlesinger, *The Disuniting of America: Reflections on a Multicultural Society,* Norton, New York, 1998; Samuel P. Huntington, *Who Are We? The Challenges to America's National Identity,* Simon & Schuster, New York, 2004.

7. Citado en Mae M. Ngai, *Impossible Subjects: Illegal Aliens and the Making of Modern America,* Princeton University Press, Princeton, NJ, 2005, p. 117.

8. U.S. Census Bureau, 2000 Census of the Population, "Quick Facts: Race", http://quickfacts.census.gov/qdf/meta/long_68176.htm.

9. "Declaración Universal de los Derechos Humanos", Naciones Unidas, http://www.un.org/es/documents/udhr/as.

10. Servicios de Ciudadanía e Inmigración de Estados Unidos, http://www.uscis.gov/files/nativedocuments/Flashcard_questions_spanish.pdf.

11. "Learn About the United States: Quick Civic Lessons", United States Citizenship and Immigration Services, www.uscis.gov/files/nativedocuments/M-638.pdf.

12. http://www.archives.gov/espanol/constitucion.html.

13. Christian Joppke, "The Evolution of Alien Rights in the United States, Germany, and the European Union", *Citizenship Today: Global Perspectives and Practices,* ed. T. Alexander Aleinikoff y Douglas Klusmeyer, Carnegie Endowment for International Peace, Washington, DC, 2001, pp. 36-62, en especial pp. 38-44.

14. Ron Hayduk, *Democracy for All: Restoring Immigrant Voting Rights in the United States,* Routledge, New York, 2006, pp. 3-4.

15. Ron Hayduk y Michele Walker, "Immigrant Voting Rights Receive More Attention", Migration Information Network, 1 noviembre 2004, www.migrationinformation.org/Feature/display.cfm?id=265.

16. Hayduk, *Democracy for All*, p. 4.

17. Joaquín Ávila, "Political Apartheid in California: Consequences of Excluding a Growing Non-Citizen Population", UCLA Chicano Studies Research Center, *Latino Policy and Issues Brief* 9, diciembre de 2003, www.chicano.ucla.edu/press/siteart/LPIB_09Dec2003.pdf.

Mito 1: Los inmigrantes nos quitan nuestros trabajos

1. F. Froebel, J. Heinrichs y O. Krey, *The New International Division of Labour*, Cambridge University Press, Cambridge, UK, 1980.

2. En la década de los 80 decenas de estados —incluyendo a Connecticut, Florida y Oregón— establecieron zonas francas industriales en áreas económicamente deprimidas que ofrecían incentivos de bajos impuestos para que las empresas se establecieran allí. Para un análisis de estos programas, véase la bibliografía del Departamento de Vivienda y Desarrollo Urbano de los Estados Unidos, "Enterprise Zones: Case Studies and State Reports", www.huduser.org/publications/polleg/ez_bib/ez_bib3.html.

3. Rakesh Kochnar, "Growth in the Foreign-Born Workforce and Employment of the Native Born", Pew Hispanic Center, 10 de agosto de 2006, http://pewhispanic.org/reports/report.php?ReportID=69.

4. U.S. Census Bureau, "U.S. International Trade in Goods and Services", abril de 2006, www.census.gov/foreign-trade/Press-Release006pr/04/ftdpress.txt.

5. U.S. Bureau of Labor Statistics, "Employment Status of the Civilian Non-Institutional Population, 1940 to Date", www.bls.gov/cps/cpsaat1.pdf.

Mito 2: Los inmigrantes compiten con los trabajadores poco calificados y hacen bajar los sueldos

1. Steven Greenhouse y David Leonhardt, "Real Wages Fail to Match a Rise in Productivity", *The New York Times*, 28 de agosto de 2006; Lawrence Mishel y Heidi Shierholz, "The Sad But True Story of Wages in America", Economic Policy Institute Issue Brief 197, 11 de marzo de 2011, http://www.epi.org/publications/entry/the_sad_but_true_story_of_wages_in_america/; Economic Policy Institute, "The State of Working America: Great Recession", http://www.stateofworkingamerica.org/articles/view/15.

2. El National Center for Public Policy and Higher Education encontró que los

costos de educación superior aumentaron drásticamente en relación con el salario promedio en los últimos años. En 2006 el costo de mandar a un joven a una universidad pública era superior al 30% del ingreso promedio de una familia. Véase "Measuring Up 2006: The National Report Card on Higher Education", 7 de septiembre de 2006, http://measuringup.highereducation.org/. Véase también Christian E. Weller, "Drowning in Debt: America's Middle Class Falls Deeper in Debt as Income Growth Slows and Costs Climb", Center for American Progress, mayo de 2006, www.americanprogress.org/kf/boomburden-web.pdf.

3. Robert Frank, "U.S. Led a Resurgence Last Year among Millionaires Worldwide", *The Wall Street Journal*, 15 de junio de 2004.

4. Esther Cervantes, "Immigrants and the Labor Market: What Are 'The Jobs That Americans Won't Do'?" *Dollars and Sense*, mayo- junio de 2006, p. 31.

5. Se discutió y criticó mucho este comentario en los Estados Unidos. Véase "Mexican Leader Criticized for Comment on Blacks", 15 de mayo de 2005, http://edition.cnn.com/2005/US/05/14/fox.jackson/.

6. El sociólogo Michael Piore escribió la descripción clásica de este fenómeno entre los inmigrantes europeos de principios del siglo xx en *Birds of Passage,* Cambridge University Press, Cambridge, MA, 1979.

7. Doris Meissner, "U.S. Temporary Worker Programs: Lessons Learned", Migration Information Source, 1 de marzo de 2004, www.migrationinformation.org/Feature/display.cfm?ID=205.

8. Nancy Folbre, *The Invisible Heart: Economics and Family Values,* New Press, New York, 2001; Barbara Ehrenreich y Arlie Russell Hochschild, "Introduction", en *Global Woman: Nannies, Maids, and Sex Workers in the New Economy,* Metropolitan Books, New York, 2003, pp. 7-9.

9. Michelle Alexander, *The New Jim Crow: Mass Incarceration in the Age of Colorblindness,* The New Press, New York, 2010, pp. 6-7.

10. The Sentencing Project, "Felony Disenfranchisement Laws in the United States", marzo de 2011, http://www.sentencingproject.org/doc/publications/fd_bs_fdlawsinusMar11.pdf.

Mito 3: Los sindicatos están contra la inmigración porque perjudica a la clase trabajadora

1. Kim Moody emplea esta frase en "Global Capital and Economic Nationalism: Protectionism or Solidarity?"*Against the Current*, 2000, www.solidarity-us.org/node/951.

2. William D. Haywood, *Bill Haywood's Book: The Autobiography of William D. Haywood,* New York, 1929, p. 181. Citado en David Roediger, *Working Toward Whiteness: How America's Immigrants Became White: The Strange Journey from Ellis Island to the Suburbs,* Basic Books, New York, 2005, p. 121.

3. Gompers, "Talks on Labor", *American Federationist* 12, septiembre de 1905, pp. 636-37, citado en Roediger, *Working toward Whiteness,* p. 87.

4. Roediger, *Working Toward Whiteness,* p. 80, citando a Andrew Neather, "Popular Republicanism, Americanism and the Roots of Anti-Communism, 1890-1925" (tesis doctoral, Duke University, 1993), p. 242; Henry White, "Immigration Restriction as Necessity", *American Federationist,* 17 de abril de 1910, pp. 302-304.

5. Peter Kwong, *Forbidden Workers: Illegal Chinese Immigrants and American Labor,* New Press, New York, 1997, p. 147.

6. Philip S. Foner, *U.S. Labor Movement and Latin America: A History of Workers' Response to Intervention,* Bergin and Garvey, South Hadley, MA, 1988, pp. 28-29.

7. Samuel Gompers, "Imperialism-Its Dangers and Wrongs" 18 de octubre de 1898, disponible en PBS, "Freedom: A History of the U.S.", http://www.pbs.org/wnet/historyofus/web09/features/source/docs/C14.pdf.

8. Vernon M. Briggs Jr., "American Unionism and U.S. Immigration Policy", Digital Commons at ILR, Cornell University (backgrounder, Center for Immigration Studies, 2001), http://digitalcommons.ilr.cornell.edu/hr/22, p. 1.

9. Roediger, *Working Toward Whiteness,* p. 84.

10. Kwong, *Forbidden Workers,* p. 141.

11. Michael Rogin, *Blackface, White Noise: Jewish Immigrants in the Hollywood Melting Pot,* University of California Press, Berkeley, 1998, p. 57.

12. Kwong, *Forbidden Workers,* p. 141.

13. Rogin, *Blackface, White Noise,* p. 57.

14. Herbert Hill, "Racism within Organized Labor: A Report of Five Years of the AFL-CIO", *Journal of Negro Education* 30, no. 2, primavera de 1961, pp. 109-118.

15. Kwong, *Forbidden Workers,* p. 152.

16. Kwong, *Forbidden Workers,* pp. 152-53.

17. Briggs, "American Unionism", p. 6.

18. Briggs, "American Unionism", p. 7.

Mito 4: Los inmigrantes no pagan impuestos

1. Para más información sobre el sector de la economía informal en Nueva York y en otras grandes ciudades en la era de la globalización, véase Saskia

Sassen, *The Global City: New York, London, Tokyo*, Princeton University Press, Princeton, 2001, especialmente los capítulos 8 y 9. El libro también ha sido traducido al español: *La ciudad global: Nueva York, Londres, Tokio*, EUDEBA, Buenos Aires, 1996.

2. Brent Haydamack y Daniel Fleming, "Hopeful Workers, Marginal Jobs: LA's Off-the-Books Labor Force", Economic Roundtable, con Pascale Joassart, diciembre de 2005. El compendio de la discusión se encuentra en www .economicrt.org/summaries/hopeful_workers_marginal_jobs_synopsis.html.

3. Eduardo Porter, "Illegal Immigrants are Bolstering Social Security with Billions", *The New York Times*, 5 de abril de 2005.

4. Porter, "Illegal Immigrants are Bolstering Social Security".

5. Edward Schumacher-Matos, "How Illegal Immigrants are Helping Social Security", *The Washington Post*, 3 de septiembre de 2010.

Mito 5: Los inmigrantes son una carga para la economía

1. Steven A. Camarota, "The High Cost of Cheap Labor: Illegal Immigration and the Federal Budget", Center for Immigration Studies, agosto de 2004, www.cis.org/articles/2004/fiscal.pdf.

2. Camarota, "The High Cost of Cheap Labor".

3. Sarah Beth Coffey, "Undocumented Immigrants in Georgia: Tax Contributions and Fiscal Concerns", Georgia Budget and Policy Institute, enero de 2006, www.gbpi.org/pubs/garevenue/20060119.pdf.

4. Robin Baker and Rich Jones, "State and Local Taxes Paid in Colorado by Undocumented Immigrants", Bell Policy Center Issue Brief, no. 3, 30 de junio de 2006, www.thebell.org/pdf/IMG/Brf3taxes.pdf.

5. Thomas D. Boswell, June Nogle, Rob Paral y Richard Langendorf, *Facts about Immigration and Asking Six Big Questions for Florida and Miami-Dade County*, Bureau of Economic and Business Research, University of Florida, Gainesville, noviembre de 2001.

6. Véase Ronald D. Lee y Timothy Miller, "Immigrants and Their Descendants", Project on the Economic Demography of Interage Income Reallocation, Demography, UC Berkeley,1997; National Research Council, *The New Americans*, National Academy Press, Washington DC, 1997, caps. 6 y 7; Alan J. Auerbach y Philip Oreopoulus, "Generational Accounting and Immigration in the United States", University of California, Berkeley, marzo de 1999, http://elsa.berkeley.edu/ffiburch/immigration13.pdf.

7. Jeffrey S. Passel, "Unauthorized Migrants: Numbers and Characteristics-Background Briefing for Task Force on Immigration and America's Future", Pew

Hispanic Center, 14 de junio de 2005, p. 31, http://pewhispanic.org/files/reports/46.pdf.

8. Passel, "Unauthorized Migrants", pp. 34-35.

9. Passel, "Unauthorized Migrants", p. 42.

Mito 6: Los inmigrantes envían remesas a sus países con todo lo que ganan en los Estados Unidos

1. Banco de Desarrollo Interamericano, "Sending Money Home: Remittances from Latin America to the U.S., 2004", www.iadb.org/exr/remittances/images/Map2004SurveyAnalysisMay_17.pdf.

2. Fondo de Inversiones Multilaterales del Banco Interamericano de Desarrollo, "The Changing Pattern of Remittances", Banco Interamericano de Desarrollo, Washington DC, 2008; Anthony Harrup, "Mexico's March Remittances Up 4.8% on Year", *The Wall Street Journal*, 2 de mayo de 2011.

3. B. Lindsay Lowell y Rodolfo O. de la Garza, "The Developmental Role of Remittances in U.S. Latino Communities and in Latin American Countries", *Inter-American Dialogue*, junio de 2000, pp. 8-9.

4. Lowell y de la Garza, "Developmental Role of Remittances", p. 13.

5. Jane Collins, *Threads: Gender, Labor and Power in the Global Apparel Industry*, Chicago University Press, Chicago, 2003.

6. Catherine Elton, "Latin America's Faulty Lifeline", MIT Center for International Studies, Series "Audit of Conventional Wisdom", 20 de marzo de 2006, http://web.mit.edu/CIS/pdf/Audit_03_06_Elton.pdf; United States Department of Commerce, International Trade Administration, "The United States Contributes to Economic Prosperity in El Salvador", http://www.trade.gov/promotingtrade/westhemprosperity/elsalvador.pdf.

Segunda Parte: Los inmigrantes y la ley

1. Henry David Thoreau, *Desobediencia civil,* trad. Hernando Jiménez; primera parte, 1849. Hay muchas traducciones al español disponibles, varias en internet, p.e. http://thoreau.eserver.org/spanishcivil.html.

2. Satya Sagar, "U.S. Elections: Let the Whole World Vote!" ZNet, 27 febrero 2004, www.zmag.org/content/print_article.cfm?itemID=5049&sectionID=33.

Mito 7: La leyes deben ser respetadas por todos. Los nuevos inmigrantes tienen que respertarlas, como hicieron los del pasado

1. Aristide R. Zolberg, *A Nation By Design: Immigration Policy in the Fashioning of*

America, Harvard University Press, Cambridge, MA, 2006.

2. Ngai, *Impossible Subjects,* p. 18.

Mito 8: El país está siendo invadido por inmigrantes ilegales

1. Instituto Internacional de Investigaciones y Capacitación de las Naciones Unidas para la Promoción de la Mujer (*ISTRAW*), hoja informativa, www.uninstraw.org/cn/index.php?option=content&task=blogcategory&id =76&Itemid=110; véase también la Declaración de Derechos Humanos en http://www.un.org/es/documents/udhr/index.shtml.

2. Passel, "Unauthorized Migrants", p. 2.

3. Passel, "Unauthorized Migrants", p. 4; Pew Hispanic Center, "Statistical Portrait of the Foreign-Born Population in the United States, 2009", http://pewhispanic.org/files/factsheets/foreignborn2009/Table%201.pdf; Jeffrey S. Passel and D'Vera Cohn, "A Portrait of Unauthorized Immigrants in the United States", Pew Hispanic Center, 14 de abril de 2009, http:// pewhispanic.org/files/reports/107.pdf.

4. Passel, "Unauthorized Migrants", p. 9.

5. Bill Ong Hing, *Defining America through Immigration Policy,* Temple University Press, Philadelphia, 2004, p. 200.

6. Passel, "Unauthorized Migrants", p. 9.

7. Passel y Cohn, "A Portrait of Unauthorized Immigrants".

8. Passel y Cohn, "A Portrait of Unauthorized Immigrants".

9. Passel, "Unauthorized Migrants", p. 27.

10. Véase Aviva Chomsky, *Linked Labor Histories,* Duke University Press, Durham, NC, 2008.

11. Lance Compa, "Blood, Sweat and Fear: Workers' Rights in U.S. Meat and Poultry Processing Plants", Human Rights Watch, 2004, 12, www.hrw.org/reports/ 2005/usa0105/usa0105.pdf. Puede encontrarse un resumen en español de este estudio en http://www.hrw.org/en/news/2005/01/24/abusos-contra -trabajadores-en-la-industria-estadounidense-del-empaquetado-de-carne-y.

12. Compa, "Blood, Sweat and Fear", p. 16.

Mito 9: Los Estados Unidos tienen una política de refugiados muy generosa

1. El sitio web del Servicio de Ciudadanía e Inmigración de los Estados Unidos tiene una lista de preguntas de civismo: www.uscis.gov/grapics/citizenship/ flashcards/Flascard_questions.pdf.

2. David W. Haines, ed., *Refugees in America in the 1990s: A Reference Handbook*, Greenwood Press, Westport, CT, 1996, p. 3.

3. Roger Daniels, *Guarding the Golden Door: American Immigration Policy and Immigrants since 1882*, Hill and Wang, New York, 2004, pp. 71-87.

4. Haim Genizi, *America's Fair Share: The Admission and Resettlement of Displaced Persons, 1945-1952,* Wayne State University Press, Detroit, 1993. Véanse también los numerosos ejemplos de restricciones explícitas y encubiertas contra los judíos en Daniels, *Guarding the Golden Door,* caps. 3-5.

5. Daniels, *Guarding the Golden Door,* pp. 108-110.

6. Ong Hing, *Defining America,* pp. 245-47.

7. Alejandro Portes y Alex Stepick, *City on the Edge: The Transformation of Miami,* University of California Press, Berkeley, 1994, p. 51.

8. Ong Hing, *Defining America,* p. 247; Portes y Stepick, *City on the Edge,* p. 52.

9. Howard W. French, "Between Haiti and the U.S. Lies a Quandary", *The New York Times,* 24 de noviembre de 1991.

10. Anthony DePalma, "For Haitians, Voyage to a Land of Inequality", *The New York Times,* 16 de julio de 1991.

11. DePalma, "For Haitians, Voyage to a Land of Inequality".

12. Portes y Stepick, *City on the Edge,* p. 53.

13. Barbara Crossette, "Court Halts Expulsion of Haitians as Hundreds More Leave for U.S.", *The New York Times,* 20 de noviembre de 1991.

14. Paul Farmer, *The Uses of Haiti,* Common Courage Press, Monroe, ME, 1994, pp. 58-68.

15. Farmer, *Uses of Haiti,* pp. 270-71, citando a Cathy Powell, "'Life' at Guantánamo: The Wrongful Detention of Haitian Refugees", *Reconstruction* 2, 1993.

16. Roberto Suro, "U.N. Refugee Agency Says U.S. Violates Standards in Repatriating Haitians", *The Washington Post,* 11 de enero de 1995.

17. Farmer, *Uses of Haiti,* p. 273.

18. Daniel Williams, "Suddenly, the Welcome Mat Says 'You're Illegal'", *The Washington Post,* 20 de agosto de 1994.

19. "12,000 Remain at Guantánamo", *The Washington Post,* 19 de agosto de 1995.

20. "U.S. Policy Changed with Guantánamo Safe Havens", *The Washington Post,* 5 de febrero de 1995.

21. Bob Herbert, "In America, Suffering the Children", *The New York Times,* 27 de mayo de 1995.

22. Para un recuento detallado de estos eventos, véase María Cristina García, *Seeking Refuge: Central American Migration to Mexico, the United States, and Canada,* University of California Press, Berkeley, 2006.

23. Michael McBride, "Migrants and Asylum Seekers: Policy Responses in the United States to Immigrants and Refugees from Central America and the Caribbean", *International Migration* 37, no. 1, marzo de 1999, p. 296.

24. Ong Hing, *Defining America*, pp. 239 y 250.

25. Jay Mathews, "50,000 Immigrants Granted Legal Status: A Milestone for Central American Refugees", *The Washington Post*, 20 de diciembre de 1990.

26. Ong Hing, *Defining America*, pp. 249, 254.

Mito 10: Los Estados Unidos son un crisol de culturas que siempre han recibido con los brazos abiertos a inmigrantes de todas partes

1. Aquí me refiero a la disposición legal HR 4437 del 2005, que criminalizó e impuso sentencias obligatorias para quienes proveyeran servicios o ayuda que permitieran a un inmigrante entrar o permanecer en los Estados Unidos. Casi todos los servicios sociales o la ayuda humanitaria a un inmigrante indocumentado podía culminar en un proceso legal.

2. James Loewen, *Sundown Towns: A Hidden Dimension of American Racism,* New Press, New York, 2005, p. 25.

3. "Back in the Day: Indiana's African-American History", *The Indianapolis Star*, febrero de 2002, www2.indystar.com/library/factfiles/history/black_history.

4. Zolberg, *Nation by Design*, p. 120–24.

5. *Scott v. Sandford*, 60 U.S. 393, 407, www.law.cornell.edu/supct./html/historics/USSC_CR_0060_0393_ZO.html.

6. *Scott v. Sandford*, p. 410.

7. Ian F. Haney López, *White by Law: The Legal Construction of Race,* NYU Press, New York, 1996, p. 39.

8. Zolberg, *Nation by Design*, p. 120–24.

9. Marian L. Smith, "'Any Woman Who is Now, or May Hereafter be Married'…Women and Naturalization, ca. 1802-1940", *Prologue Magazine* [publicado por los Archivos Nacionales] 30, no. 2, verano de 1998, www.archives.gov/publications/prologue/1998/summer/women-and-naturalization-1.html; Haney López, *White by Law*, p. 128.

10. Haney López, *White by Law*, p. 91.

11. Ngai, *Impossible Subjects*, pp. 22-23.

12. Ngai, *Impossible Subjects*, p. 26.

13. Véase la crítica en Asociación de Agencias de Prensa PR, LLC "Hidden Facts in the New Census Hispanic Data", *Puerto Rico Herald*, 13 de junio de 2005.

14. La lista se reproduce en Ngai, *Impossible Subjects*, pp. 28-29.

15. Haney López, *White by Law*, pp. 42-45.

16. Ngai, *Impossible Subjects*, pp. 7-8.

17. La frase fue acuñada originalmente por Rayford Logan en *The Negro in American Life and Thought: The Nadir* en 1954. James Loewen lamenta la pérdida de la frase y argumenta que los historiadores deben volver a enfocarse en el concepto en *Sundown Towns*, cap. 2.

18. Dan Baum, "The Lottery: Once You Have a Green Card, What Next?" *The New Yorker*, 23 de enero de 2006, www.newyorker.com/fact/content/articles/060123fa_fact.

19. "2007 DV Lottery Instructions", Departamento de Estado de los Estados Unidos, http://travel.state.gov/visa/immigrants/types/types_1318.html.

Mito 11: Ya que todos somos descendientes de inmigrantes, todos comenzamos en igualdad de condiciones

1. George Benton Adams, "The United States and the Anglo-Saxon Future", *Atlantic Monthly* 78, 1896, pp. 35-45; las citas en las pp. 36 y 44.

2. John Fiske, "Manifest Destiny", Project Gutenberg, 2003, www.gutenberg.org/files/10112/10112.txt. Subrayado en el original.

3. Josiah Strong, *Our Country: Its Possible Future and its Present Crisis*, American Home Missionary Society, Astor Place, New York, 1885 (disponible en: www.questia.com/PM.qst?a=o&d=11531335); "Josiah Strong on Anglo-Saxon Predominance, 1891" (disponible en: www.mtholyoke.edu/acad/intrel/protected/strong.htm).

4. David Roediger y James R. Barrett, "Inbetween Peoples: Race, Nationality, and the 'New Immigrant' Working Class", *Journal of American Ethnic History* 16(3), primavera de 1997, pp. 3-45; Roediger, *Working Toward Whiteness*; Noel Ignatiev, *How the Irish Became White*, Routledge, New York, 1995.

5. David G. Gutiérrez, *Walls and Mirrors: Mexican Americans, Mexican Immigrants, and the Politics of Ethnicity*, University of California Press, Berkeley, 1995, pp. 14-16.

6. Camille Guérin-Gonzáles, *Mexican Workers and American Dreams: Immigration, Repatriation, and California Farm Labor, 1900-1939*, Rutgers University Press, New Brunswick, NJ, 1996, p. 26.

7. Juan González, *Harvest of Empire: A History of Latinos in America*, Penguin, New York, p. 100.

8. Ngai, *Impossible Subjects*, p. 54.

9. Gutiérrez, *Walls and Mirrors*, p. 21.

10. Arnoldo de León, *They Called Them Greasers: Anglo Attitudes towards Americans in Texas, 1821-1900*, University of Texas Press, Austin, 1983, p. 3.

11. Guérin-Gonzáles, *Mexican Workers*, p. 29.

12. Ngai, *Impossible Subjects*, p. 64.

13. Ong Hing, *Defining America*, p. 120.

14. Vernon M. Briggs, Jr., "Guestworker Programs: Lessons from the Past and Warnings for the Future", Center for Immigration Studies, marzo de 2004, www.cis.org/articles/2004/back304.htm.

15. Ngai, *Impossible Subjects*, p. 72; Guérin-Gonzáles, *Mexican Workers*, p. 111.

16. Ruth Ellen Wassem y Geoffrey K. Collver, "RL30852: Immigration of Agricultural Guest Workers: Policies, Trends, and Legislative Issues", *Congressional Research Service Report for Congress*, 15 de febrero de 2001, http://ncseonline.org/NLE/CRSreports/Agriculture/ag-102.cfm.

17. Ong Hing, *Defining America*, p. 130.

18. Ong Hing, *Defining America*, p. 131.

19. Wassem y Collver, "RL30852".

20. Jeffrey S. Passel, "Estimates of the Size and Characteristics of the Undocumented Population", 21 de marzo de 2005, p. 6, http://pewhispanic.org/files/reports/44.pdf.

21. "Nativity of the Population, for Regions, Divisions, and State, 1850-1990", U.S. Census Bureau, 9 de marzo de 1999, www.census.gov/population/www/documentation/twps0029/tab13.html.

22. "Population by State and U.S. Citizenship Status, With Percentages by U.S. Citizenship Status, 2003", U.S. Census Bureau, www.census.gov/population/socdemo/foreign/ST023/tab1-17a.xls.

23. Camarota, "Immigrants at Mid-Decade"; Pew Hispanic Center, "Statistical Portrait of the Foreign-Born Population of the United States, 2009", Table 11, "Foreign Born, by State", http://pewhispanic.org/files/factsheets/foreignborn2009/Table%2011.pdf.

Mito 12: Los actuales inmigrantes amenazan a la cultura nacional porque no la están asimilando

1. Toni Morrison, "On the Blacks of Blacks", *Time* (ed. especial, "The New Face of America"), 2 de diciembre de 1993 (disponible en: www.time.com/time/community/morrisonessay.html).

2. Piri Thomas, *Por estas calles bravas*, trad. Suzanne Dod Tomás, Vintage Español, New York, 1998, pp. 30-33.

3. Loewen, *Sundown Towns*, p. 88.

4. Alex Stepick, Guillermo Grenier, Max Castro y Marvin Dunn, *This Land is Our Land: Immigrants and Power in Miami*, University of California Press, Berkeley, 2003, p. 122.

5. Marcelo Suárez-Orozco y Carola Suárez-Orozco, *Transformations: Immigration, Family Life, and Achievement Motivation among Latino Adolescents*, Stanford University Press, Stanford, CA, 1995, p. 60. Alex Stepick, Guillermo Grenier, Max Castro y Marvin Dunn describen el mismo fenómeno entre los inmigrantes haitianos en Miami en *This Land is Our Land: Immigrants and Power in Miami*, University of California Press, Berkeley, 2003.

6. Jay P. Greene y Marcus A. Winters, "Public School Graduation Rates in the United States", Manhattan Institute for Public Policy Research, Civil Report 31, noviembre de 2002, www.manhattan-institute.org/html/cr_31.htm. Véase también Gary Orfield, ed., *Dropouts in America: Confronting the Graduation Rate Crisis,* Harvard Education Press, Cambridge, MA, 2004.

7. Robert Stilwell, "Public School Graduates and Dropouts from the Common Core of Data: School Year 2007-08", National Center for Educational Statistics, junio de 2010, http://nces.ed.gov/pubs2010/2010341.pdf.

8. Pew Hispanic Center y Henry J. Kaiser Family Foundation, "Survey Brief: Bilingualism", Pew Hispanic Center, marzo de 2004, http://pewhispanic.org/files/reports/15.9.pdf.

9. "Poverty Status of the Population in 2003 by Sex, Age, and Hispanic Origin Type: 2007", U.S. Census Bureau, www.census.gov/population/www/socdemo/hispanic/cps 2008.html; Ángelo Falcón, "Latinos are Poor and Poorer: Census 2010", *Queens Latino*, 26 de marzo de 2011, http://www.queenslatino.com/noticias/notas-descacadas/latinos-are-poor-poorer-census-2010/. Véase también Pew Hispanic Center, "Country of Origin Profiles, 2008", http://pewhispanic.org/data/origins/.

10. Mary C. Waters, *Black Identities: West Indian Immigrant Dreams and Immigrant Realities*, Russell Sage Foundation, New York, 1999, p. 5.

Mito 13: Los inmigrantes de hoy no aprenden inglés y la educación bilingüe no hace más que empeorar el problema

1. Calvin Veltman, "The Status of the Spanish Language in the United States at the Beginning of the 21st Century", *International Migration Review* 24(1), primavera de 1990, pp. 108-123. Incluso entre niños de 4 años, los hijos de los hispanoparlantes tienden a tener niveles de inglés significativamente más

altos que los de sus padres; ya hacia su adolescencia casi todos los niños nacidos en los Estados Unidos hablan inglés con fluidez (p. 113).

2. Hyon B. Shin y Robert A. Kominski, "Language Use in the United States: 2007", American Community Survey Reports, abril de 2010, http://www.census.gov/hhes/socdemo/language/data/acs/ACS-12.pdf.

3. Calvin Veltman, "Modelling the Language Shift Process of Hispanic Immigrants", *International Migration Review* 22(4), invierno de 1988, p. 549.

4. Richard Alba, John Logan, Amy Lutz y Brian Stults, "Only English by the Third Generation? Loss and Preservation of the Mother Tongue among the Grandchildren of Contemporary Immigrants", *Demography* 39(3), agosto de 2002, p. 273.

5. James Thomas Tucker, "Waiting Times for Adult ESL Classes and the Impact on English Learners", National Association of Latino Elected and Appointed Officials Education Fund, junio de 2000, pp. 3-4, http://renewthevra.civilrights.org/resources/ESL.pdf.

6. Pew Hispanic Center, "Fact Sheet: Hispanic Attitudes Toward Learning English", 7 de junio de 2006, http://pewhispanic.org/files/factsheets/20.pdf.

7. Véase la página de internet de U.S. English, Inc: www.us-english.org/inc/.

8. Véase www.onenation.org/fulltext.html para los textos de varias de estas leyes.

9. James Cummins, "The Role of Primary Language Development in Promoting Educational Success for Language Minority Students", en *Schooling and Language Minority Students: A Theoretical Framework*, ed. C. F. Leyba, Evaluation, Dissemination and Assessment Center, California State University Los Angeles, CA, 1981, pp. 3-49.

10. Véase, por ejemplo, el reciente e integral estudio patrocinado por el Departamento de Educación de los Estados Unidos: Diane August y Timothy Shanahan, eds., *Developing Literacy in Second-Language Learners: Report of the National Literacy Panel on Language-Minority Children and Youth*, Lawrence Erlbaum Associates, Mahwah, NJ, 2006. Véase también J. D. Ramirez, S. D. Yuen, D. R. Ramey y D. Pasta, *Longitudinal Study of Structured English Immersion Strategy, Early-Exit and Late-Exit Transitional Bilingual Education Programs for Language Minority: Final Reports*, vols. 1 y 2, Aguirre International, San Mateo, CA, 1991; y Stephen Krashen y Grace McField, "What Works?" Reviewing the Latest Evidence on Bilingual Education", *Language Learner*, noviembre-diciembre de 2005, pp. 7-10 y p. 34, http://users.rcn.com/crawj/langpol/Krashen-McField.pdf.

11. Rafael M. Díaz, "Thought and Two Languages: The Impact of Bilingualism on Cognitive Development", *Review of Research on Education* 10, 1983, pp. 23-54; Kenji Hakuta, "Degree of Bilingualism and Cognitive Ability in

Mainland Puerto Rican Children", *Child Development* 58 (5) [Edición Especial sobre Escuelas y Desarrollo], octubre de 1987, pp. 1372-1388; Kenji Hakuta, *Mirror on Language:The Debate on Bilingualism*, Basic Books, New York, 1986.

12. James Crawford, "Hard Sell, Why is Bilingual Education So Unpopular with the American Public?", Arizona State University Language Policy Research Unit, 2003, www.asu.edu/educ/epsl/LPRU/features/brief8.htm.

13. Crawford, "Hard Sell".

14. Sarah Means Lohmann y Don Soifer, "Separate Unequal Classes Set Bilingual Education Back", *Chicago Sun Times*, 17 de mayo de 2005.

15. Crawford, "Hard Sell".

16. James Crawford, *Hold Your Tongue: Bilingualism and the Politics of English Only*, Addison-Wesley, Reading MA, 1992, cap. 8. Un resumen puede encontrarse en http://ourworld.compuserve.com/homepages/JWCRAWFORD/HYTCH8 .htm.

Mito 14: Los inmigrantes sólo vienen al país porque quieren disfrutar de nuestro alto estándar de vida

1. Mi argumento aquí hace referencia al trabajo de Saskia Sassen, Douglas S. Massey y otros. El argumento de Sassen está resumido en "Why Immigration?", *NACLA Report on the Americas* 26(1), julio de 1992, pp. 14-19; Massey, "Closed-Door Policy: Mexico Vividly Illustrates How U.S. Treatment of Immigrant Workers Backfires", *American Prospect*, 1 de julio de 2003, www .prospect.org/print/V14/7/massey-d.html.

2. Victor Clark, citado por José-Manuel Navarro en *Creating Tropical Yankees: Social Science Textbooks and U.S. Ideological Control in Puerto Rico, 1898-1908*, Routledge, New York, 2002, p. 48.

3. García Ramis, *Felices días, tío Sergio*, Editorial Antillana, San Juan, 1986, p. 21.

4. García Ramis, *Felices días,* p. 42.

5. García Ramis, *Felices días,* pp. 142-143.

6. Citado en Catherine Ceniza Choy, *Empire of Care: Nursing and Migration in Filipino History*, Duke University Press, Durham, NC, 2003, p. 86.

7. Citado en Choy, *Empire of Care*, p. 102.

8. Véase Tim Kane, "Global Troop Deployment, 1950-2005", Heritage Foundation, www.heritage.org/Research/NationalSecurity/cda06-02.cfm. La base naval en Guantánamo, Cuba, es un ejemplo flagrante de la presencia de las tropas norteamericanas contra de la voluntad del país.

9. Medea Benjamín y Elvia Alvarado, *Don't Be Afraid, Gringo: A Honduran*

Woman Speaks from the Heart, Institute for Food and Development Policy, San Francisco, 1987, pp. xviii-xix.

10. Chalmers Johnson, *The Sorrows of Empire: Militarism, Secrecy, and the End of the Republic*, Metropolitan Books, New York, 2004, pp. 1-23.

11. Sarah J. Mahler, *American Dreaming: Immigrant Life on the Margins*, Princeton University Press, NJ, 1995, cap. 4; Roger N. Lancaster, *Life is Hard: Machismo, Danger, and the Intimacy of Power in Nicaragua*, University of California Press, Berkeley, 1992, cap. 1.

12. Citado en: Aviva Chomsky, "Innocents Abroad: Taking U.S. College Students to Cuba", *LASA Forum* 27 (3), otoño de 1996, p. 16-20; cita en p. 19; también en revista *Temas* no. 8, La Habana, octubre-diciembre de 1996, pp. 73-80.

13. Estas estadísticas y otras muy útiles han sido recopiladas por la CIA. Véase https://www.cia.gov/library/publications/the-world-factbook/rankorder/rankorderguide.html.

14. Dan Baum, "Lottery".

15. García Ramis, *Felices días, tío Sergio*, p. 14.

16. Massey, "Closed-Door Policy".

Estudio de caso: República de Filipinas

1. John Barrett, "The Cuba of the Far East", *North American Review* 164, febrero de 1897, pp. 173 y 177. Disponible en: http://cdl.library.cornell.edu/cgibin/moa/moa-cgi?notisid=ABQ7578-0164-19.

2. Para comparar, las inversiones de los Estados Unidos en Centroamérica fueron evaluadas en 21 millones de dólares en 1897. Véase Walter Lafeber, *Inevitable Revolutions: The United States in Central America*, Norton, New York, 1993, p. 35.

3. Barrett, "Cuba of the Far East", p. 178.

4. Jackson J. Spielvogel, *Civilizaciones del Occidente*, vol. B, trad. Demetrio Garmendia y José Manuel Martínez Recillas, International Thomson Editores, México DF, 2004, p. 694.

5. Quincy Ewing, "An Effect of the Conquest of the Philippines", en el sitio de internet de Jim Zwick, "Anti-Imperialism in the United States, 1898-1935", www.boondocksnet.com/ai/kipling/ewing.html.

6. Ngai, *Impossible Subjects*, p. 110.

7. Alfred Beveridge, "The March of the Flag", discurso, 16 de septiembre de 1898, www.fordham.edu/halsall/mod/1898beveridge.html.

8. Benjamin R. Tillman, "'The White Man´s Burden' as Prophecy", en William

Jennings Bryan, et al., *Republic or Empire? The Philippine Question,* The Independence Co., Chicago, 1899, http://historyscoop.wordpress.com/2007/01/23/anti-imperialist-response-to-the-white-mans-burden/.

9. John Barrett, "The Problem of the Philippines", *North American Review* 167(502), septiembre de 1898, http://cdl.library.cornell.edu/cgi-bin/moa/moa-cgi?notisid=ABQ7578-0167-26.
10. Ngai, *Impossible Subjects,* p. 100.
11. Ngai, *Impossible Subjects,* p. 99.
12. Proclamación de Nelson Miles, disponible en muchos sitios, incluyendo el http://portal.puertoricoexpresa.com/modules.php?name=News&file=print&sid=8.
13. Ngai, *Impossible Subjects,* pp. 101-102.
14. James A. Tyner, "The Geopolitics of Eugenics and the Exclusion of Philippine Immigrants from the United States", *Geographical Review* 89(1), enero de 1999, p. 63.
15. Tyner, "Geopolitics of Eugenics", p. 65.
16. Tyner, "Geopolitics of Eugenics", p. 65.
17. Ngai, *Impossible Subjects,* p. 119.
18. Citado en Tyner, "Geopolitics of Eugenics", p. 68.
19. Ngai, *Impossible Subjects,* p. 120.
20. Ngai, *Impossible Subjects,* p. 115.
21. Somini Sengupta, "The Color of Love: Removing a Relic of the Old South", *The New York Times,* 5 de noviembre de 2000; Somini Sengupta, "Marry at Will", *TheNew York Times,* 12 de noviembre de 2000.
22. Ngai, *Impossible Subjects,* p. 115.
23. Tyner, "Geopolitics of Eugenics", p. 67.
24. Tyner, "Geopolitics of Eugenics", p. 67.
25. Aviva Chomsky, *West Indian Workers and the United States Fruit Company in Costa Rica, 1870-1940,* Louisiana State University Press, Baton Rouge, 1996.
26. U.S. Library of Congress, Federal Research Division, *The Philippines: A Country Study,* Washington, D.C: GPO, 1991, http://countrystudies.us/philippines/23.htm.
27. U.S. Library of Congress *The Philippines.*
28. Choy, *Empire of Care,* caps. 1-2.
29. Choy, *Empire of Care,* p. 75.
30. Daniels, *Guarding the Golden Door,* p. 165.
31. Choy, *Empire of Care,* p. 96.
32. U.S. Library of Congress, *The Philippines.*

33. Choy, *Empire of Care*, p. 13.

34. Choy, *Empire of Care*, p. 2.

35. Celia W. Dugger, "U.S. Plan to Lure Nurses May Hurt Poor Nations", *The New York Times*, 24 de mayo de 2006; Peter I. Buerhaus, David I. Auerbach, and Douglas O. Staiger, "The Recent Surge in Nurse Employment: Causes and Implications", *Health Affairs* 28: 4, julio de 2009, pp. 657-68.

36. Este proceso se describe en Paul Ong y Tania Azores, "The Migration and Incorporation of Filipino Nurses", en *The New Asian Immigration in Los Angeles and Global Restructuring*, eds. Paul Ong, Edna Bonacich y Lucie Cheng, Temple University Press, Filadelfia, 1994, pp. 165-69.

37. Ong y Azores, "The Migration and Incorporation", pp. 174-175.

38. Dugger, "Plan to Lure Nurses".

39. Dugger, "Plan to Lure Nurses".

40. Daniels, *Guarding the Golden Door*, p. 166.

41. Dugger, "Plan to Lure Nurses".

42. Dugger, "Plan to Lure Nurses".

43. Véanse los informes trimestrales de Global Source Partners en www.globalsourcepartners.com.

44. Dugger, "Plan to Lure Nurses".

Mito 15: El público estadounidense se opone a la inmigración y esto se refleja en el debate en el Congreso

1. Véase la declaración de la National Network for Immigrant and Refugee Rights y la lista de quienes la apoyaron en www.nnirr.org/projects/immigrationreform/statement.htm.

2. "Statement by AFL-CIO President John J. Sweeney on President Bush´s Principles for Immigration Reform", 8 de enero de 2004, http://www.aflcio.org/mediacenter/prsptm/pr01082004.cfm.

3. Elizabeth Auster, "Guest Worker Proposals Divide America´s Unions", *The Plain Dealer*, 6 de abril de 2006.

4. Wayne A. Cornelius, "Controlling 'Unwanted' Immigration: Lessons from the United States, 1993-2004", *Journal of Ethnic and Migration Studies* 31(4), julio de 2005, p. 788, www.ccis-ucsd.org/PUBLICATIONS/wrkg92.pdf.

5. "2006 State Legislation Related to Immigration: Enacted, Vetoed, and Pending Gubernatorial Action", National Conference of State Legislatures, 3 de julio de 2006, www.ncsl.org/programs/immig/06ImmigEnactedLegis2.htm.

6. Bonnie Erbe, "Cities Fill Federal Void on Immigration", *Seattle Post-Intelli-*

gencer, 19 de julio de 2006; Mark K. Brunskill, "Pennsylvania City Passes Strict Ant-Immigration Act", *All-Headline News*, 14 de julio de 2006; Dan Sewell, "Country's Interior Wages Own Campaign Against Illegal Aliens", Associated Press, 22 de noviembre de 2005.

7. Paul Davenport, "Bill Passes Applying Trespassing Law to Illegal Immigrants", Associated Press, 13 de abril de 2006; Jacques Belleaud, "Governor Vetoes Attempt to Criminalize Immigrants' Presence in Arizona", Associated Press, 18 de abril de 2006.

8. "Earned Legalization and Increased Border Security Is Key to Immigration Reform According to Republican Voters: New Poll", Manhattan Institute for Policy Research, 17 de octubre de 2005, www.manhattan-institute.org/html/immigration_pol_pr.htm.

9. Opinion Research Corporation, CNN poll, 8-11 de junio de 2006, www.cnn.com/2006/images/06/21/lou.dobbs.tonight.poll.results.pdf.

10. Jack Shierenbeck, "The New Lou Dobbs: Working Chumps' Champion?" *New York Teacher*, 21 de marzo de 2004.

11. Lou Dobbs, "Our Borderline Security", *U.S. News and World Report*, 27 de diciembre de 2004.

12. Lou Dobbs, "Disorganized Labor", *U.S. News and World Report*, 7 de marzo de 2005.

13. Pew Research Center for the People and the Press and Pew Hispanic Center, "America´s Immigration Quandary: No Consensus on America´s Immigration Problem or Proposed Fixes", Pew Hispanic Center, 20 de marzo de 2006, p. 15, http://pewhispanic.org/f1les/reports/63.pdf.

14. Pew Research Center, "America's Immigration Quandary", p. 16.

15. Pew Research Center, "America's Immigration Quandary", p. 18.

16. Pew Research Center, "America's Immigration Quandary", p. 11.

17. Teresa A. Sullivan, Elizabeth Warren, y Jay Westbrook, *The Fragile Middle Class: Americans in Debt*, Yale University Press, New Heaven, 2001, p. 6.

18. "Government, Corporate Scandals Damage Public Trust in Institutions at the Bedrock of Society", encuesta interactiva Lichtman/Zogby, 23 de mayo de 2006, disponible en: www.zogby.com/News/readNews.dbm?ID=1116.

19. Michael P. McDonald and Samuel L. Popkin, "The Myth of the Vanishing Voter", American *Political Science Review* 95(4), diciembre de 2001, pp. 963-74.

20. Pew Research Center, "America's Immigration Quandary", Introduction; "63% Still Believe Border Control is Top Immigration Priority", *Rasmussen Reports*, April 20, 2011, http://www.rasmussenreports.com/public_content/politics/current_events/immigration/63_still_believe_border_control_is_top_immigration_priority; AP-Univisión Poll, mayo de 2010, http://www.ap-

gfkpoll.com/pdf/AP-Univision%20Poll%20May%202010%20Hispanic
%20Topline_1st%20release.pdf; "61% Say Enforcing Immigration Laws
Would Cut Poverty", *Rasmussen Reports*, 10 de abril de 2011, http://www
.rasmussenreports.com/public_content/business/general_business/april
_2011/61_say_enforcing_immigration_laws_would_cut_poverty; Mark Mur-
ray, "On Immigration, Racial Divide Runs Deep", 26 de mayo de 2010, http://
www.msnbc.msn.com/id/37344303/ns/us_news-immigration_a_nation
_divided/t/immigration-racial-divide-runs-deep/.

21. Pew Research Center, "America's Immigration Quandary", p. 17.cifras de
    CBS/*The New York Times*; AP-Univisión Poll, mayo de 2010.

Mito 16: La abrumadora victoria electoral de la Proposición 187 en California demuestra que el público se opone a la inmigración

1. "A Summary Analysis of Voting in the 1994 General Election", California
   Opinion Index, enero de 1995, http://field.com/fieldpollonline/subscribers/
   COI-94-95-Jan-election.pdf.

2. "Summary Analysis of Voting".

3. "Summary Analysis of Voting".

4. Jan Adams, "Proposition 187 Lessons", *Z Magazine*, marzo de 1995.

5. Hasta el 2003, el INS era la agencia federal encargada de todo asunto rela-
   cionado con la inmigración y ciudadanía. Ese año fue reemplazado por el
   Servicio de Inmigración y Control de Aduanas (Immigration and Customs
   Enforcement o ICE) bajo el nuevo Departamento de Seguridad Nacional
   (Homeland Security). Para la cita, véase Wayne Cornelius, "Controlling 'Un-
   wanted' Immigration", pp. 777, 791 n. 7.

Mito 17: La inmigración es un problema

1. Leslie Berestein, "Migrants Push East to Avoid Fortified Border, with Tragic
   Results", *San Diego Union-Tribune*, 29 de septiembre de 2004, www.signosandiego
   .com/news/reports/gatekeeper/20040929-9999-lz1n2mirgran.html.

2. Mark Stevenson, "Mexico Puts Up Maps for Migrants", *Desert News,* 25 de
   enero de 2006, www.findarticles.com/p/articles/mi-qn4188/is_20069125/
   ai_n16022823; Richard Marosi, "Border-Crossing Deaths Set a 12-Month
   Record", *Los Angeles Times,* 1 de octubre de 2005.

3. Ted Robbins, "Illegal Immigrant Deaths Set Record in Arizona", 6 de octubre de 2010, http://www.npr.org/templates/story/story.php?storyId
   =130369998.

4. Esther Pan, "Q&A: Homeland Security: U.S.-Mexico Border Woes", Council

on Foreign Relations, 22 de febrero de 2006; reimpresión en *The New York Times*, 22 de febrero de 2006.

5. Sonia Nazario, *Enrique's Journey*, Random House, New York, 2006, p. xiv.

6. Laura Wides, "Study Says Immigration Patterns Changing with New Border Security", Associated Press, 1 de abril de 2005; Catherine Rampell, "Why Are Mexican Smugglers' Fees Still Rising?", *The New York Times*, 18 de mayo de 2009.

7. Ong Hing, *Defining America*, p. 189.

8. Cornelius, "Controlling 'Unwanted' Immigration", p. 783.

9. Programa para el Esclarecimiento Histórico, *Guatemala: Memoria del silencio*, Anexo I, Caso Ilustrativo 64, American Academy for the Advancement of Science, http://shr.aaas.org/guatemala/ceh/mds/spanish/anexo01/vo11/no64.html.

10. Véase Pierette Hondagneu-Sotelo, *Doméstica: Immigrant Workers Cleaning and Caring in the Shadows of Affluence*, University of California Press, Berkeley, 1991, p. 8.

11. Berenstein, "Migrants Push East".

12. James Smith, "Guatemala: Economic Migrants Replace Political Refugees", InforpressCentroamericana, www.migrationinformation.org/feature/display.cfm?ID=392, abril del 2006.

13. Véase también Nora Hamilton y Norma Stoltz Chinchilla, *Seeking Community in a Global City: Guatemalans and Salvadorans in Los Angeles*, Temple University Press, Filadelfia, 2001; Gabrielle Pahl Kohl, *Voices of Guatemalan Women in Los Angeles: Understanding Their Immigration*, Garland, New York, 1999.

14. Smith, "Guatemala".

15. Berenstein, "Migrants Push East".

Mito 18: Los países tienen que controlar a los que salen y entran

1. Presidente Andrew Jackson, "On Indian Removal", mensaje al Congreso, 6 de diciembre de 1830 (disponible en varias páginas de internet, incluyendo "Our Documents": www.ourdocuments.gov/doc.php?flash=true&doc=25.).

2. Tyner, *Geopolitics of Eugenics*, p. 57.

3. Tyner, *Geopolitics of Eugenics*, p. 56.

4. Edward J. Larson, *Sex, Race, and Science: Eugenics in the Deep South*, Johns Hopkins University Press, Baltimore, 1995; Nancy L. Gallagher, *Breeding Better Vermonters: The Eugenics Project in the Green Mountain State*, University Press of New England, Hanover, NH, 1999; Bonnie Mass, "Puerto Rico: A Case Study in Population

Control", *Latin American Perspectives* 4(4), otoño de 1977, pp. 66-71.

5. Alexandra Minna Stern, "Sterilized in the Name of Public Health: Race, Immigration, and Reproductive Control in Modern California", *American Journal of Public Health* 95(7), julio de 2005, pp. 1128-38.

6. Laura Briggs, *Reproducing Empire: Race, Sex, Science, and U.S. Imperialism in Puerto Rico*, University of California Press, 2002, p. 83.

7. Briggs, *Reproducing Empire*, p. 87.

8. Briggs, *Reproducing Empire*, p. 106.

9. Briggs, *Reproducing Empire*, p. 124.

10. Stern, "Sterilized in the Name of Public Health", p. 1132.

11. Stern, "Sterilized in the Name of Public Health", p. 1133.

12. Jane Lawrence, "The Indian Health Service and the Sterilization of Native American Women", *American Indian Quarterly* 24(3), 2000, pp. 400-419; 410. Está citando a Bernard Rosenfeld, Sidney M. Wolfe y Robert E. McGarrah Jr., *A Health Research Group Study on Surgical Sterilization: Present Abuses and Proposed Regulations,* Health Research Group, Washington DC, 29 de octubre de 1973, pp. 2-7.

13. Lawrence, "The Indian Health Service and the Sterilization of Native American Women" citando a "Killing our Future: Sterilization and Experiments", *Akwesasne Notes* 9(1), 1977, pp. 4-6.

14. J. J. Salvo, M.G. Powers y R. S. Cooney, "Contraceptive Use and Sterilization among Puerto Rican Women", *Family Planning Perspectives* 24(5), septiembre-octubre de 1992, pp. 219-23.

15. Andrea P. MacKay, Burney A. Kieke Jr., Lisa M. Koonin y Karen Beattie, "Tubal Sterilization in the United States, 1994-1996", *Family Planning Perspectives* 33(4), julio-agosto 2001, www.guttmacher.org/pubs/journals/3316101.html.

16. "Bennett´s Take on the Blacks, Abortion Draws Fire", *Los Angeles Times*, 30 de septiembre de 2005, p. A29.

17. Daniels, *Guarding the Golden Door*, p. 196.

18. Laura Briggs,. "Making 'American' Families: Transnational Adoption and U.S. Latin America Policy", en *Haunted by Empire*, ed. Ann Laura Stoler, Duke University Press, Durham, NC, 2006, p. 613.

19. Laura Briggs, "Communities Resisting Interracial Adoption: The Indian Child Welfare Act and the NABSW Statement of 1972", trabajo presentado en Alliance for the Study of Adoption, Identity and Kinship, Conferencia sobre Adopción y Cultura, Universidad de Tampa, Tampa, FL, 17-18 de noviembre de 2005, www.u.arizona.edu/ff1lbriggs/.

20. "In Daddy´s Arms", *The Boston Globe*, 26 de julio de 2006. Para una antología

sobre los fundamentos políticos de las adopciones interraciales y internacionales, ver Jane Jeong Trenka, Julia Chinyere Oparah y Sun Yung Chin, eds., *Outsiders Within: Writing on Transracial Adoption*, South End Press, Boston, 2006.

Mito 19: Necesitamos proteger nuestras fronteras para prevenir que terroristas y criminales entren a nuestro país

1. *Terrorism: 2000-2001*, Departament of Justice, Federal Bureau of Investigation (FBI publicación 0308), www.fbi.gov/publications/terror/terror2000 _2001.pdf.
2. Steven Camarota, "The Open Door: How Militant Islamic Terrorists Entered and Remained in the United States, 1993-2001", Center for Immigration Studies, www.cis.org/articles/2002/Paper21/terrorism.html.

Mito 20: Los inmigrantes que entran al país ilegalmente están violando nuestras leyes; por lo tanto, son criminales y deberían ser deportados

1. Julia Preston, "Rules Collide with Reality in the Immigration Debate", *The New York Times*, 29 de mayo de 2006.
2. U.S. Department of State, Bureau of Consular Affairs, "Philippines Cut-Off Dates", http://www.travel.state.gov/pdf/Cut-off_Dates_Philippines_online .pdf. Los Visa Bulletins pueden encontrarse en http://travel.state.gov/visa/ bulletin/bulletin_1360.html.
3. "Detention and Death of 81-Year-Old Haitian Pastor Appalling Says Humanitarian Agency Director", comunicado de prensa, Church World Service, 22 de noviembre de 2004, www.churchworldservice.org/news/archives/2004/ 11/245.html.
4. Tom Miller, comentario "Latino USA", NPR, 5-11 de mayo de 2006 (audio en www.latinousa.org/program/lusapgm683.html; transcripción en www .walterlippmann.com/docs608.html).

Mito 21: Los problemas que este libro plantea son tan vastos, que no hay nada que podamos hacer para solucionarlos

1. Para un resumen de las leyes, véase www.uscis.gov/graphics/shared/aboutus/ statistics/legishist/act142.htm.
2. Eduardo Galeano, 'Snapshots of a World Coming Apart at the Seams", *Ap-*

peal to Reason: 25 Years of In These Times, ed. Craig Aaron, Seven Stories Press, New York, 2002, p. 194.

Epílogo

1. United Nations Human Settlement Programme, "Global Report on Human Settlements, 2011", http://www.unhabitat.org/grhs/2011.

Cronología

1. Algunas descripciones de muchas de las leyes citadas en esta cronología pueden encontrarse en www.uscis.gov/graphics/shared/aboutus/statistics/legishist/index.htm. Para una historia narrada de las políticas inmigratorias, véase Marian L. Smith, *"Overview of INS History"*, en *A Historical Guide to the U.S. Government*, ed. George T. Kurian, Oxford University Press, Nueva York, 1998. (reproducido en la página del Servicio de Ciudadanía e Inmigración de los Estados Unidos, www.uscis.gov/graphics/aboutus/history/articles/oview.htm.).

2. Daniels, *Guarding the Golden Door*, p. 100.

9 781608 461011